대치동 초등영어 글쓰기

대치동 초등영어 글쓰기

이보경(대치동 다이안쌤) 지음

일상이상

한 줄도 못 쓰는 아이,
원어민 아이처럼 잘 쓸 수 있다고?

하나, 나의 미국 생활과 대치동 학원가에서 깨달은 교훈

대한민국 교육 일번지 하면 대치동을 가장 먼저 떠올릴 정도로 대치동의 교육열은 매우 뜨겁다. 그 이유는 아마도 자녀를 최선을 다해 교육시키고 싶은 엄마들의 마음 때문이지 않을까 싶다.

나는 대치동에서 영어, 그것도 영어 글쓰기 전문학원을 운영하고 있다. 신기한 건 해마다 아이들의 레벨이 상승한다는 점이다. 그만큼 대치동의 교육열은 뜨겁다. 예를 들어 작년에는 8세 아이들의 수준이 미국 교과서 기준으로 3학년 수준이었다면 지금 우리 학원에 오는 아이들의 수준은 4~5학년 수준으로 훌쩍 뛰어넘고 있다. 특히 라이팅글쓰기에서 괄목할 만큼 큰 성장을 하고 있다. 참 아이러니하게도 대치동에서 공부하는 아이들과 학부모님들은 "너무 따라가기 어려워요"라고 하면서도 누구나 문제없이 잘 따라온다. 내가 보기엔 이것이 가장 큰 문제?이지 않을까 싶다. 이렇게 훌륭하게 따라가는 아이들을 보면 이런 현상이 불행인지 다행인지 사실 마음이 복잡하기만 하다.

　나 역시 초등학생 아이 둘을 키우고 있는 입장에서 이런 열기를 보면서 걱정스러운 마음이 드는 것이 사실이다. 점점 경쟁이 치열해지고 있는 경기장에 우리 아이들을 몰아넣는 것이 과연 맞는 길일까? 나중에 그런 부모를 원망하지 않으려나? 하루에도 수십 번씩 고민 또 고민이다. 나 또한 대치동에서 학원을 운영하는 사교육자이긴 하지만 날마다 고민하고 있다.

　그럼에도 불구하고 영어는 주요과목이고 입시의 향방을 가르는 최대변수다. 영어의 1등급과 2등급은 하늘과 땅 차이이고, 합격과 불합격을 가른다. 상대평가로 치르는 국어와 수학에 비해 절대평가로 치르는 영어는 1등급을 받는 학생이 훨씬 많다. 그래서 대치동 학원가에서 공부하는 아이들뿐만 아니라 공부 좀 한다는 아이들은 영어 1등급을 절대 놓치려 하지 않고 있다.

　"앞으로 수능이 서술형으로 변경될 것"이라고 하는데, 그 흐름을 고려하면 영어 라이팅writing, 즉 영어 글쓰기가 대입의 향방을 가르는 최대변수로 떠오르고 있다. 분명히 분위기가 과열된 것은 맞지만 그렇다고 영어 글쓰기를 간과할 수는 없다. 현 중2 학생부터 고교학점제와 2022 개정 교육과정이 적용되는데, 새롭게 달라지는 교육환경에서는 영어 과목에서 영어 글쓰기의 중요성이 커지고 있다. 영어 과목 수행평가 및 학생부 세특고등학교 생활기록부에 쓰이는 '세부능력'과 '특기사항'의 줄임말로, 학생의 교과목 성적 외의 다른 사항을 적은 기록에서 영어 글쓰기가 입시의 최대변수가 되었다.

그래서 나는 또다시 두 아이의 엄마이자 영어 교육자로서 고민하게 되었다. 우리 아이들이 미국에 유학 가지 않아도 미국 학교에서 배우는 만큼 풍부한 콘텐츠와 수업을 제공받을 수는 없을까? 그것도 억지로 하는 공부가 아니라 스스로 재미와 흥미를 느끼고 자기주도적으로 참여하는 영어 공부를 할 수는 없을까? 그렇게 된다면 굳이 미국 유학을 가지 않아도 되니 경제적으로도 시간적으로도 효율성이 커질 것이고, 영어 공부를 재미있게 하면 학습 성과도 더 향상될 것이다. 그런 고민 끝에 나는 영어 교육, 특히 영어 글쓰기에서 답을 찾았다.

중2 학생부터 고교학점제와 2022 개정교육과정이 적용되는데, AI가 대학 논문 수준의 글쓰기도 해내는 챗GTP 시대에 우리 교육은 창의융합형 인재양성을 목표로 하고 있다. 새롭게 달라지는 교육환경에서는 주입식 영어 교육이 아니라 학교와 일상생활 등에서 겪거나 배우는 영어의 모든 것을 자기주도적으로 융합하는 교육을 추구하고 있다. 영어 글쓰기는 읽기와 듣기, 말하기 등의 요소를 한데 융합해 오케스트라를 완성하는 작업이기 때문에, 진짜 영어 실력을 좌우하는 결정타가 된다. 새롭게 달라지는 입시 트렌드에서 영어 글쓰기가 가장 중요해지고 있는데, 현재 대치동에서는 영어 글쓰기 교육 붐이 일고 있다. 그런 열기에 편승하려고 한 것은 아니지만 나는 그 열기가 뜨거워지기 전에 '영어 공부의 완성은 영어 글쓰기에 달려 있음'을 깨닫고 초등영어 전문학원인 '다이안영어'를 개원했다.

둘, 세상에 하나뿐인 너의 이야기를 들려줘!

나는 스무 살 때 혈혈단신 미국 유학을 시작하고 미국에서 16년간 살았는데, 유학 시절 나를 가장 힘들고 고통스럽게 했던 것이 글쓰기였다. 한국에서 수능까지 다 치르고 대학 생활도 1년 만끽한 나로서는 미국 대학에 입학해 잘 듣고 읽고 문제를 푸는 것만으로도 기적이었다. 한국어로도 쓰기 힘든 10~20장짜리 글을 영어로 쓰는 건 정말 고역 중에 고역이었다. 숙제를 한 번 하게 되면 열심히 전자사전그때는 스마트폰이 없었으니 전자사전을 이용할 수밖에을 뒤져가며 몇 날 며칠을 글을 쓰느라 고생한 기억이 지금도 생생하다. 도무지 무엇을 써야 하는지도 모르겠고, 단락마다 똑같은 단어를 반복해서 쓰는 등 글쓰기가 엉망진창이었다.

사실 이 방법은 누구에게나 통하지 않을 수도 있지만 나는 미국 대학에서 내주는 숙제를 하면서 에피소드episode, 즉 상황의 사례case를 정확하게 써내려가는 글을 썼다. 그래야 독자로 하여금 공감을 일으킬 수 있는 글이 되기 때문이다. 또 유학 생활 중에 글은 무엇보다 상대방이 내 글을 기억하게끔 재미있어야 한다는 것을 깨달았다. 미국의 TV광고를 떠올려보라! TV광고가 추구하는 것은 '재미'이다. 영어를 알아먹지 못하더라도 영상만 보더라도 배꼽 잡을 만큼 위트가 가득한 광고들이 대부분이다한국의 광고는 대부분 연예인의 이미지로 짧은 시간 강렬한 인상을 주는데, 미국의 광고는 이와는 상반된다. 글쓰기를 재미있게 즐겨야 하고, 글의 내용도 재미있게 읽혀야 한다는 것을 알게 되었다. 한국인들은 단어 하나가 큰 울림을 주는 시를 좋아하는데, 반면에 미국인은 단어 하나에 힘을 싣는 것보다는 글쓴이의 특이한 개성과 독창성을 보여줄 수 있도록 하나하나 풀어서 설명하는 글이 재미있고 좋은 글이라고 생각한다. 그야말로 "세상에 하나뿐인 너의 이야기를 들려줘!"야 한다.

미국 대학 생활을 하면서도 글쓰기가 여전히 부담스러웠던 나는 어느 날 인생의 최대난관에 빠졌다. 그 최대난관은 뉴욕대 스턴 경영대학원NYU Stern School MBA에 입학하기 위해 자기소개서를 써야 할 때 찾아왔다. 자기소개서는 1,000자 분량으로 써야 했는데, 사실 1,000자라고 하면 엄청 길 것 같지만 제한된 분량으로 다른 지원자와 차별점을 두는 동시에 나 자신을 강력하게 표현하는 내 인생의 스토리를 고스란히 반영해야 한다. 썼다, 지웠다를 1달 내내 반복할 정도로 참 어려운 일이었다.

그때 나의 글쓰기 인생에 터닝포인트가 찾아왔다. 그때 나는 '한국이라는 작은 나라그때만 해도 K콘텐츠가 많지 않던 시절이어서에서 온 작은 아시안 여자가 미국에서 10년 넘게 살면서 어떤 정체성을 갖게 되었는지를, 한국에서 자란 여자이지만 미국의 다양한 문화 덕택에 세상에 하나밖에 없는 한국의 무궁화가 미국 땅에서 새로 탄생하게 되었다'는 내용의 글을 썼다. 멋진 단어와 문법을 사용한 글이 아니라, 미국 명문대 경영대학원에서 왜 이 세상에 하나뿐인 학생을 입학시켜야 하는지를 설득하고 유혹하는 글을 쓴 것이다.

지금 생각해 보면 조금 오글거리는 글이었지만 미국인들이 보기에 충분히 특이하고 열린 마인드를 가진 학생으로 보였던 것 같다. 1년 재수한 후에 당당하게 합격했으니까.

나의 터닝포인트를 이토록 장황하게 소개한 이유는 바로 이것이다. 우리 아이들이 영어 글쓰기를 재미있게 할 수 있으려면 자신의 가장 특이한 특장점을 발견하고, 그것을 글쓰기에 반영해야 한다. 그래야 어렵고 막막한 글쓰기의 실타래가 술술 풀리게 될 것이다. 글을 쓰는 데 필요한 영어 단어와 문법은 당연히 필요하겠지만 중요한 것은 나를 담아내는 글쓰기이다. 수행평가 및 세특 영어 글쓰기에서 자신의 진로와 관련해 자신을 소개하는 글쓰기 능력을 요구하는 입시 현실은 물론, 더 나아가서 세계 무대로 나아가서 나를 표현하는 글을 써야 하는 상황을 고려한다면 '나를 담아내는 글쓰기'가 꼭 필요하다.

셋, 어떤 상품에도 브랜드 가치가 있듯이 모든 아이는 고유한 가치가 있다

대학을 졸업한 후 나는 운 좋게 뉴욕과 뉴저지에서 직장 생활을 바로 할 수 있었다. 미주법인 제일기획에서 일했고, 미국 이민 생활을 마치고 한국으로 역이민을 한 후에도 LG CNS에서 인터내셔널 마케팅 부서에서 세계 각국의 온라인 광고란에 우리나라의 제품을 소개하는 일을 하게 되었다. 그렇게 사회 초년생으로서 광고 일을 치열하게 배우면서 느낀 점은, 좋은 상품을 만드는 것은 생산부서의 일이지만 그 제품의 차별성과 장점을 알리는 일은 순전히 광고부서의 일이라는 점이다. 즉, 개떡같이 만들어도 찰떡

같이 알아들어 널리 널리 알리는 일이 광고업임을 깨달았다 물론 내가 광고를 집행했던 제품들은 실제로 세계 최고의 제품들이었다.

글로벌 마케팅 분야에서 몸담으며 배운 점은 모든 상품에 브랜드 가치가 있듯이 모든 사람은 장점, 즉 고유한 차별성을 가지고 있다는 것이다. 직장 생활을 마치고 대치동에서 영어를 가르치면서, 각양각색의 개성이 넘치는 아이들과 만나면서 모든 학생은 자기만의 장점! 즉, 차별화된 강점을 가지고 있다는 것을 매일매일 새롭게 깨닫고 있는 중이고. 그 과정이 매번 놀랍고도 즐겁다.

내가 가르치는 아이 중에는 너무 소심하지만 예쁜 여자아이가 있다. 이 아이는 평소에 입도 뻥긋하지 않을 정도로 완벽주의자 성향을 가지고 있는데, 그래서 이 아이의 어머니는 걱정이 많으셨다. 어머니는 이 아이를 우리 학원에 처음 데려오신 날에 나에게 "너무 소심하고 어려서 아마 스피킹은 물론이거니와 라이팅 수업도 매우 힘들 거예요"라고 하셨다. 이런 아이들은 자신이 가지고 있는 생각과 실력이 자신의 기준에 맞지 않아 스스로 겁이 생기는 경우가 많다. 그렇기에 머릿속에 있는 생각을 입 밖이나 글로 표현하기가 겁이 나는 것이다.

이런 아이들의 경우에는 부모님이나 선생님으로부터 칭찬을 지속적으로 듣게 되면 자신 안에 숨어 있는 자신감이 스멀스멀 나오게 된다. '어라! 이렇게 써도 나를 칭찬해 준다고? 내가 정말 글을 잘 쓰는 게 맞다고?' 이런 자신감이 점점 쌓이다 보면 말하기와 글쓰기의 스토리텔링 실력은 하늘을 찌르게 된다. 내면 깊숙이 숨어 있던 이야기보따리가 나오게 되는 것이다. '칭찬은 고래를 춤추게 한다'고 하는데, 어머니와 선생님의 전폭적인 심리적 지지는 아이로 하여금 자신감을 불러일으킨다. 자신감은 영어뿐만 아니라 다른 과목의 실력도 향상시키는 자양분이 되어줄 것이 분명하다.

자, 그럼 이제부터 어렵게만 느껴지는 영어 글쓰기를 우리 아이의 Uniqueness, 세상에 하나뿐인 그 아이만의 스토리가 나올 수 있게, 쉽고 재밌게 시작해 보자.

| 차례 |

| 차례 |

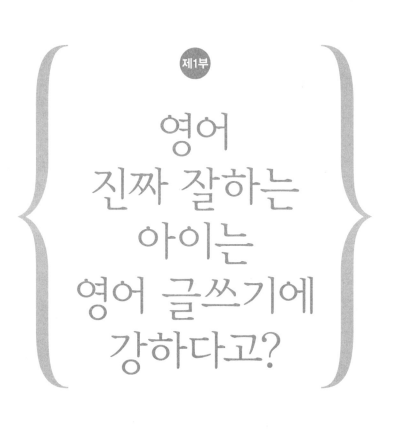

제1부

영어
진짜 잘하는
아이는
영어 글쓰기에
강하다고?

1장
왜 초등학생이
영어 글쓰기를 준비해야 하나?

"아니, 어린 초등학생한테 영어 글쓰기를 꼭 가르쳐야 하나요?"

대치동에서 라이팅Writing을 잘 가르치는 학원이라고 소문난 학원의 원장인 나에게 푸념 섞인 문의를 하시는 부모님들이 계신다. 사실 자장면을 맛있게 하는 중국집에 가서 굳이 "자장면을 꼭 먹어야 하나요?"라고 질문하시는 분은 없으실 것 같다. 그러나 어린 자녀에게 어른도 하기 힘든 영어 라이팅을 시키는 부모님의 입장에서는 다각도의 고민을 하실 수밖에 없는 것 같다.

영어 글쓰기의 조기 교육이 필요한 이유는 우선 성적 때문이다. 많은 학교가 수행평가로 영어 글쓰기를 내세우고 있는데, 학교에서는 비교적 쉬운 수준으로 영어를 배워왔기 때문에 학교 수업 과정을 그저 믿고 있다가는 큰코다치기 십상이다. 유학을 가게 되든, 영어로 과학, 문학 등을 공부하는 특목고에 다니든, 영어 글쓰기 실력으로 수행평가 등급이 나뉘는 일반고에 다니든, 글쓰기 실력이 성적을 결정한다. 잘못된 단어 하나만 선택해도 등급이 떨어질 수 있는 이 글쓰기를 초등 저학년 때부터는 시작해야 표현력 증진 및 사고력 확장 측면에서도 큰 밑거름을 닦아놓을 수 있다.

그런데 원어민 교사들에게도 글쓰기가 결코 쉬운 일이 아니다. 언어의 생산 영역Productive Skill에는 말하기Speaking와 쓰기Writing가 있다. 다른 영역인 읽기Reading와 듣기Listening는 반복적으로 하면 계단식으로 향상되지만 말하기와 쓰기는 어느 정도 반복적으로 해야 할 뿐만 아니라 그 결과물을 도출해내는 회로가 머릿속에 잘 만들어져야 한다. 말하기는 자신의 생각을 상대에게 보다 명료하게 전달하기 위해 반복 혹은 정정과 같은 특별한 기술을 구사할 수 있으나, 쓰기는 글을 통해 효과적인 의사소통을 하기 위해 여러 과정과 절차를 거쳐야 한다.

왜 영어 글쓰기는 말하기와 읽기, 듣기처럼 실력이 안 늘까?

이러한 특성을 모르는 채 상담을 원하시는 학부모님이 종종 계신다. 무조건 대형학원에서 만든 토픽으로 글을 반복적으로 쓰고, 공부하는 방법을 원하시는 것이다. 그러나 이 방법으로는 글쓰기 능력이 겉으로는 개선되는 것처럼 보이지만 궁극적으로는 반복적이고 단순한 작문 훈련만 하는 셈이다. 혼자서 글을 쓰게 한다면 아무것도 쓰지 못하고 텅 빈 공책을 멍하니 바라보는 기이한 상황이 벌어진다. 어떻게 하면 우리 아이들이 진정한 글쓰기를 학습할 수 있을까?

특히 에세이essay와 같은 아카데믹 라이팅academic writing은 글쓰기 과정에서 체계가 잡혀야 하기 때문에 더더욱 그 과정을 이해해야 하고, 기다림의 시간을 이겨내야 한다. 모든 어학 공부가 그렇듯이 공부한 양과 시간에 비례하여 성적이 향상되지는 않는다. 소위 말하는 계단식의 상승이 지속적으로 이루어져야 어느 순간 실력이 확 느는 것이 보이는데, 말하기와 쓰기, 읽기, 듣기 중에서 가장 더디게 발전하는 듯이 보이는 것이 쓰기이다.

거의 상당수의 초급 쓰기 수업이 문장의 기본기를 학습하는 형태로 진행되다 보니, 단편적인 쓰기 활동 수업에 머물러 있는 경우가 비일비재하다. 사실 학원 입장에서는 문장을 화려하게 쓴다거나 문장의 레벨을 발전시키게 하는 것이 수업을 진행하기에는 상대적으로 용이하다. 뭔가 뜬구름 잡는 듯한 수업이 아니고 답이 딱딱 떨어지는 형태의 수업이 가능하기 때문이다.

그러나 개별 문장을 학습하는 데만 치중하게 되면 학습자의 사고력을 자극하는 활동이 상대적으로 부족하기 마련이다. 따라서 초급 수준의 수업에서도 글쓰기 과정의 핵심인 큰 그림big picture을 만들게 하거나 글의 흐름writing flow을 계획하는 등 보다 쓸모 있는 영어 글쓰기를 훈련해야 한다. 그렇지 않으면 나중에 중고급 레벨로 올라가더라도 다시 처음부터 글쓰기 훈련을 시작해야 하는 경우가 생긴다.

글은 생각을 반영하는 거울이다. 좋은 글을 쓰기 위해서는 좋은 생각이 비롯되어야 한다. 사고력 기반의 쓰기 활동으로는 네 가지 방법이 있다. 이 네 가지에는 단락글을 시작하는 방법how to begin a story, 단락글을 맺는 방법how to end story. 두 가지 이상의 아이디어를 자연스럽게 나열하는 방법how to order ideas, 마지막으로 생생한 단락글을 완성하기 위해 아이디어를 보태는 방법how to add ideas이 있다. 초급 수준의 글쓰기를 시작할 때부터 이 글쓰기 습관을 형성하도록 하는 것이 바람직하다.

글쓰기, 오케스트라 연주처럼

영어 글쓰기뿐만 아니라 모든 글은 좋은 단어와 어휘를 담아내는 것이 기본이다. 평소에 단어나 어휘를 풍부하게 접하고 이 네 가지 방법이 원활하게 이루어질 수 있도록 훈련해야 한다. 이러한 훈련을 초급 과정에서부터 습관화하면 중급 과정에서 독립적인 단락글을 쓸 때에도 사고와 논리의 흐름을 매끄럽고 자연스럽게 펼칠 수 있다.

비유하건대 글쓰기와 오케스트라 연주는 많은 공통점이 있다. 예를 들면, 둘 다 많은 연습과 노력이 필요하다. 또한 둘 다 창의적인 작업이며, 아이디어를 구성하고 전달하는 능력이 필요하다. 그리고 둘 다 학습 과정도 필요하다. 쓰기는 문법, 어휘, 구조 등을 배우고 연습하는 것이 필요하며, 오케스트라 연주는 악보를 읽고, 악기를 연주하는 기술, 앙상블과 조화롭게 연주하는 기술을 연습해야 한다.

또한 글쓰기와 오케스트라 연주는 목적을 가지고 있다. 글쓰기는 특정 주제나 메시지를 전달하고자 하며, 오케스트라 연주는 공연을 통해 청중들에게 음악적인 경험을 제공하고자 한다. 따라서 글쓴이와 연주자는 모두 자신의 글과 연주를 효과적으로 전달할 수 있는 방법을 탐구하고 개발해야 한다.

그리고 글쓰기와 오케스트라 연주는 모두 창의성과 노력이 필요하기도 하다. 하루아침에 오케스트라의 연주가 발전하는 것을 기대할 수 없듯이 글쓰기 실력 또한 많은 요소를 훈련하고 공부한 후에야 빛을 발할 수 있다.

그럼에도 불구하고 많은 부모님들이 조급해하시는 것 같다. 하루아침에 글쓰기 실력이 늘지 않으니 혹시나 우리 아이가 잘못된 방향으로 공부하는 게 아닐까 노심초사하신다. 지나친 조바심은 피해야겠지만 어느 정도 공부를 하더라도 실력이 늘지 않는다면 학부모를 나무랄 수는 없다. 나 또한 그저 사교육에 우리 아이들을 전적으로 맡겼다가 깜짝 놀란 적이 있었다. 세월아 네월아 도무지 실력이 늘지 않으니 우리 아이들이 학원에 전기세를 내러 다니고 있구나 싶었다. '아, 나만큼은 우리 학원에 이렇게 전기세를 기부하는 학생을 만들지 말아야겠구나'라고 생각하면서 아이들의 실력을 차근차근 발전시켜야겠다고 다짐했다.

이렇게 다짐하긴 했지만 사실 영어 글쓰기 실력이 향상되려면 말하기와 듣기, 읽기보다 오랜 시간 기다림의 미학이 필요하다. 영어 글쓰기는 문법, 어휘, 구조 등 다양한 요소들이 복합적으로 작용하는 복잡한 활동이기 때문이다. 이 모든 요소들이 모여서 오케스트라를 만들어야 하는데, 10개의 어휘를 외운다고 10개 어휘를 당장 써먹는 것은 아니다. 그렇지만 좋은 어휘는 언젠가는 반드시 써먹게 마련이다.

또한 글쓰기는 창의적인 작업이기도 하다. 새로운 아이디어를 만들고, 그것을 효과적으로 전달하기 위해서는 많은 시간과 노력이 필요하다. 아이들의 창의적인 능력을 키워주기 위해서는 새로운 아이디어를 생각해내고, 그것을 구체화하여 전달하는 능력을 기를 수 있도록 도와줘야 한다. 이를 위해서는 선생님이나 부모님의 인내심이 더욱 필요하다. 아이들은 어른들에 비해 성장통을 많이 겪을 수밖에 없다. 어떤 아이디어를 생각해내기 위해 여러 번 실패하고, 시행착오를 거칠 수도 있다. 이러한 과정에서 인내심을 가지고 열심히 노력하면서 어려움을 이겨내고, 문제를 해결해 나가는 능력을 기를 수 있다. 이러한 자질은 영어 글쓰기뿐만 아니라 모든 공부에 필요한 덕목이 아닐까?

따라서, 아이들이 자신의 생각과 주장을 창의적으로 담아내는 글쓰기를 하기 위해서는 아이 자신과 선생님, 부모님 등 모든 사람의 인내심이 필요하다. 특히 학부모라면 자녀의 글쓰기 실력을 향상시키기 위해 인내심을 발휘하며 지속적으로 응원해 주어야 한다. 학부모에게 가장 어렵다는 그 '참을 인'! 지금 그것이 가장 필요한 순간이다!

2장
챗GPT 시대에는
영어 공부 안 해도 될까?

요즘 영어 교육에서 가장 뜨거운 감자가 챗GPT가 아닐까 싶다. 몇 년 전부터 인공지능이 사람을 대체한다고 경고했지만 글쓰기까지 침투할 줄은 누가 알았겠는가. 게다가 웬만한 사람보다 훨씬 더 글을 잘 쓴다고 한다. 아이들의 사고력과 창의력을 확장시켜 영어 글쓰기 실력을 키워주는 우리 학원 같은 교육기관에는 그야말로 챗GPT의 등장은 엄청난 뉴스 중 하나였다. 어떤 어머니께서는 "챗GPT가 등장한 마당에 굳이 영어 글쓰기를 해야 할까요?"라고 물었다.

학원 입장에서는 교재를 만들거나 아이들에게 예시문을 제시할 때에 활용하면 챗GPT는 엄청나게 편리한 도구임에 틀림없다. 그러나 데이터베이스를 기반으로 하는 인공지능에게 인간의 창작능력은 100% 잠식당하지 않을 듯싶다.

우선, 챗GPT는 한계가 있다. 앞서 말했듯 아무리 무궁무진한 데이터베이스를 기반으로 하는 인공지능이더라도 이미 세상에 나와 있는 글과 데이터를 바탕으로 만들어낸 글일 뿐이다. 게다가 인간에게는 자기만의 이야기를 꺼내어 소통하려는 소통의 욕구가 존재한다. 그러므로 인공지능이 나타났다고 해서 무조건 겁을 먹을 필요는 없을 것이다.

인공지능이 넘쳐나는 세상에서는 그에 대한 반감으로 '인간성'을 추구하는 현상이 생길 것이다. 인간성은 직관과 감성, 창의성 등과 관련된 것인데, 인공지능이 인간성까지 대체하지는 못할 것이다. 인간의 손으로 직접 만드는 수공예품과 창작품 등을 만드는 사람들은 사라지지 않을 것이다. 또 상대의 감정과 감성을 헤아리는 사회복지사와 카운슬러 등은 인공지능에게 일자리를 빼앗기지 않을 듯싶다. 무용가나 음악가 등은 타고난 예술적 재능과 창의성이 있어야 한다. 이들의 재능은 학습을 한다고 해서 갑자기 늘지는 않는다. 이들은 머릿속에서 창의적인 생각을 하고 자신의 생각을 다양하게 표현한다. 인공지능이 기가 막힌 무용을 착안하고 그것을 제아무리 잘 표현하더라도 한계가 있다. 무용가가 표현하고 있는 동작 하나하나에는 슬픔과 기쁨 등 여러 감정이 느껴지는 반면에 인공지능이 연출한 무용은 10년 후에도 인위적일 수밖에 없다.

챗GPT가 인간보다 글쓰기도 잘하고 논리력도 뛰어나다고 하지만 인간은 '생각하는 갈대'라서 위대하다. 프랑스의 사상가 B. 파스칼은 『팡세』의 서두에서 "인간은 자연 가운데서 가장 약한 하나의 갈대에 불과하다. 그러나 그것은 생각하는 갈대이다"라고 말했다. 인간은 넓고 넓은 대자연에서 하나의 갈대처럼 가냘픈 존재에 불과하지만 스스로 생각하기 때문에 이 우주를 포용할 수도 있을 만큼 위대하다. 2022 개정교육과정은 우리 학생들에게 자기주도성을 바탕으로 한 글쓰기를 요구하고 있다. 인공지능이 인간의 일자리까지 위협하는 미래 사회에 학생 스스로 대응할 수 있도록 자신의 진로와 학습을 자기주도적으로 설계하는 것이, 바로 2022 개정교육과정의 목표이다. 그러기 위해 무엇보다 필요한 것이, 자기주도성을 바탕으로 한 글쓰기이다.

챗GPT는 유용한 도구로 쓰일 수는 있겠지만 창의력과 스토리텔링만큼은 인간이 더 뛰어나다. 인공지능이 영어적 문법이나 표현력을 보완해주는 것은 가능하겠지만 감성과 창의성을 살린 글을 대신 써주지는 못할 것이다.

그럼에도 불구하고 인공지능의 데이터 베이스가 갈수록 광대해져서 우리를 위협하는 날이 올지도 모른다. 그렇다면 그때에는 인간이 가지고 있는 기획력, 즉 내가 쓸 수 있는 도구를 잘 사용해서 좋은 결과물을 만들어낼 줄 아는 기획을 잘하는 인재가 진정한 리더가 될 것이다.

그런 의미에서 이 책에서 소개하는 사고력을 확장하는 방법론, 사고력을 확장해 스토리텔링을 이끄는 가이드라인을 잘 살펴본다면 큰 도움이 될 듯싶다.

3장
영어 글쓰기,
무엇이 문제일까?

어린 영유아나 초등학생들의 가장 큰 장점이자 단점은 에너지가 넘쳐 흐른다는 점이다. 그 나이 또래 아이들을 앉혀 놓고 공부를 시켜야 하는 엄마들은 이중 삼중의 에너지를 쏟을 수밖에 없다. 잠시라도 가만히 있지 않은 아이들에게 "자리에 앉아!"라고 외치는 것부터 시작해서, "연필 똑바로 잡고 써!", "어려운 단어도 써 봐야지, 자꾸 쉬운 거만 쓸 거야?"라고 하면 아이는 바로 수비에 들어간다.

"글이 생각 안 나. 손이 아파서 연필 잡기도 힘들어."

그중에서 가장 엄마의 가슴을 후벼 파는 한마디가 있다.

"난 세상에서 영어 라이팅이 제일 싫어!"

그 말은 들은 엄마들은 '아, 나도 못 하는 라이팅이 얼마나 싫을까? 정말 싫긴 싫겠구나……. 이걸 꼭 해야 하나?' 하는 생각이 들 것이다.

우리 아이 영어 글쓰기 무엇이 문제일까?

아이들은 왜 라이팅을 싫어하는 걸까? 사실 글쓰기는 처음부터 밑그림을 잘 그려야 한다. 브레인스토밍brainstorming으로 글의 전체 틀을 구상한 후에 글을 써야 하는데, 무턱대고 쓰려고 하니 글쓰기가 어려울 수밖에!

하지만 아이들에게 이 원리를 설명해 주고 개과천선하기를 바라는 것은 언감생심이다. 잠시라도 가만히 안 있고 마구마구 에너지를 분출하는 아이들에게 어른들도 하기 힘든 글쓰기를 하라고 하면, "네, 알겠습니다!" 하고 고분고분 따르겠는가. 글을 쓰기 전에 생각을 정리하고, 그 정리한 것을 다시 배열하고 글을 써야 하는데, 어디 연필을 쥔 손에 힘이 들어가겠는가.

그런데 영어 글쓰기를 어느 정도 한다는 아이들에게도 다음과 같은 문제점들이 나타나곤 한다.

"우리 아이는 1~2페이지 정도는 너무 쉽게 술술 써 내려가거든요. 제가 봐도 너무 길게 잘 쓰는데, 이상하게 점수가 안 나와요. 라이팅을 정말 좋아하는데, 왜 점수가 안 나올까요?"

"우리 아이는 너무 형식에 집중하고 쓰는 바람에 글이 정형화되어 있고, 라이팅이 공식처럼 되어 버렸어요. 글에 같은 단어와 문법이 반복되어서 글이 재미가 없어요. 그래서 아무리 연습을 해도 점수가 오르지 않아요."

이 두 아이는 모두 한쪽으로 치우친 점이 문제다. 한 아이는 머릿속에 떠다니는 재미있는 생각들을 밖으로 마구마구 꺼내는 것이 문제고, 다른 한 아이는 형식에 갇혀서 아이디어를 마음대로 꺼내지 못하고 안전한 단어와 문법만 사용하는 것이 문제다.

이 두 아이의 영어 글쓰기를 개선하려면 글쓰기의 과정을 하나하나 훈련해야 한다. 여기서 내가 강조하고자 하는 것은 학습이 아니라 훈련이다. 영어 글쓰기를 개선하려면 머릿속에 글쓰기의 회로부터 만들어야 하니, 학습이 아니라 훈련을 해야 한다.

머릿속에 떠다니는 재미있는 생각들을 마구마구 꺼내는 이야기꾼 아이라면, 머릿속에 여기저기 널려 있는 멋진 아이디어들을 차곡차곡 서랍 속에 정리해야 한다. 뭉게뭉게 피어오른 아이디어들을 비슷한 색깔끼리 묶어 보는 '정리'부터 해야 한다. 이러한 연습을 자꾸 해보면 어느 순간 글의 짜임새가 갖춰지게 된다.

글쓰기의 형식에 갇혀서 아이디어를 마음대로 꺼내지 못하는 아이라면, 약간 소심한 성격의 소유자일 가능성이 크기 때문에 이야기를 마음껏 하도록 만들어야 한다. 조금이라도 길게 이야기를 하거나 특이한 아이디어를 말했을 때 칭찬을 퍼부어주면, 아이는 자신감이 생겨서 두려움 없이 글을 쓰는 용기가 생기게 된다. 이러한 일련의 과정을 학습이 아니라 놀이라고 생각하도록 만드는 것이 부모 혹은 전문 교육자의 역할인 것이다.

다시 본론으로 돌아가자. 영어 글쓰기를 잘하려면 글의 전체 틀을 구상한 후에 글을 써야 한다. 아이에게 이렇게 말해 주면 어떨까 싶다.

"그림 공부를 할 때도 어떤 그림을 그릴지 구상한 후에 밑그림인 스케치를 하고, 그 다음에 색깔을 입히지 않니? 글쓰기도 그것과 똑같은 거란다. 우선 어떤 이야기를 들려줄지 머릿속으로 상상하고, 그 상상을 간단하게 그림 그리듯이 스케치를 하면 돼. 그 후에 너의 머릿속에 옹기종기 떠다니는 말들을 한 단어로 표현하고, 그걸 설명하는 이야기 혹은 에 피소드 등을 자꾸 떠올려보자."

머릿속에 있던 이야기보따리가 술술 풀리면 첫 단추는 무사히 꿴 셈이 다. 아이들이 하는 이야기가 다소 터무니없어 보이더라도, 선생님과 부모 님을 믿고 술술 이야기하도록 내버려 두자! 글쓰기에 재미를 느끼고, 쓰 고 싶다는 마음이 드는 것이 우선이니까!

영어 글쓰기의 6단계

글을 쓰는 '작가'는 한자로 '作家'이다. 집을 짓는 사람이라는 뜻이다. 집을 지을 때 집을 짓는 단계가 있듯이 글쓰기에도 6단계가 있다. 이 6단 계에 따라 글을 쓰면 비바람에도 끄떡없는 집처럼 탄탄하고 짜임새 있는 글이 될 것이다.

1단계 • 프리-라이팅 Pre-writing

우선 글의 주제를 선택하고, 아이디어를 구체화하며, 글을 읽는 대상, 즉 독자를 고려하여 글을 쓸 계획을 세운다. 이 글을 읽는 독자가 누구일 지 고민하고 글쓰기를 시작하면 글의 방향성을 잡는 데 큰 도움이 된다.

2단계 • 브레인스토밍 Brainstorming

가능한 모든 아이디어를 적어본다. 이때, 제한 없이 자유롭게 아이디 어를 적는 것이 굉장히 중요하다! 사실 이 부분이 어린 친구들에게는 가 장 어려운 부분이다. 브레인스토밍이 어렵기 때문에 대치동 학원의 문을 두드리는 학부모들이 많은 것도 사실이다. 그러나 집에서도 충분히 엄마 표로 할 수 있는 것이 브레인스토밍이다. 그 방법에 대해서는 뒤에서 하나하나 설명하도록 하겠다.

3단계 • 구성하기 Organizing

글의 흐름을 잡기 위해 머릿속의 아이디어들을 체계적으로 배열한다. 나는 학원에서 아이들에게 이 단계를 가르치면서 '그루핑grouping' 혹은 '서랍정리'라고 표현하는데, 이 단계가 가장 중요하다. 그 이유는 머릿속에 떠다니는 많은 아이디어들을 하나하나 정리하는 것이 글쓰기에서 가장 중요하기 때문이다.

4단계 • 드레프팅 Drafting

아이디어를 바탕으로 초안을 작성한다. 이때, 편안한 분위기에서 자유롭게 쓰는 것이 중요하다. 브레인스토밍을 한 내용을 바탕으로 세부적인 이야기를 써 내려가면 되는데, 여기서 주의해야 할 점은 브레인스토밍에서 생각한 자세한 에피소드나 이유 등을 담아내야 한다. 초안을 작성하면서도 계속적으로 '궁리'를 해야 한다.

5단계 • 피드백 Feedback

초안을 다시 살펴보고 수정하며 더 나은 글로 만든다. 이때, 다른 사람의 피드백을 받는 것이 좋다. 자신이 실수한 부분을 발견할 수 있고, 더 나은 방향으로 글을 수정하는 데 가장 중요한 단계이다. 선생님의 도움이나 전문가의 피드백이 필요한 단계이다.

6단계 • 리라이팅 Rewriting

자신의 글을 다시 읽고 수정하면서, 자신의 생각을 정리하고 더 좋은 글을 쓸 수 있다. 선생님의 피드백을 토대로 자신의 글을 처음부터 다시 고쳐 쓰는 단계이다. 결국, 리라이팅은 글쓰기의 완성도를 높은 수준으로 개선할 수 있게 도와주는 필수적인 과정이다.

제2부

영어
에세이를
써볼까?

4장
햄버거를 냠냠 먹으면
글의 구조가 보인다!

나는 글의 구조를 설명할 때 아이들이 절대 잊어버리지 않고 쉽게 이해할 수 있도록 다음 그림을 먼저 보여준다.

5-Paragraph Hamburger Essay

— 서론
— 1번째 본문
— 2번째 본문
— 3번째 본문
— 결론

이 그림은 영어 글쓰기를 구조화하는 데 인기 있고 효과적이다. 이 그림은 미국에서 아이들에게 영어 글쓰기 방법에 대해 소개할 때 보여주는 것이다. 이 햄버거 그림은 글이 세 부분으로 구성되어 있음을 알 수 있게 한다. 상단의 햄버거 빵은 글의 서론에 해당하고, 가운데의 고기와 채소, 토핑은 글의 본론이며, 하단의 햄버거 빵은 글의 결론이다.

햄버거의 상단 빵 같은 서론 Introduction : 서론은 햄버거의 상단 빵처럼 주제를 도입하고 글의 분위기를 설정하는 역할을 한다. 에세이 국어에서 에세이는 문학의 한 갈래인 수필을 뜻하는데, 영어에서 에세이는 산문을 뜻함의 서론은 세 가지 요소를 포함해야 한다. 세 가지 요소는 독자의 관심을 끌기 위한 훅 hook, 독자가 알아야 할 관련 배경정보, 주요 주장을 제시하는 주제문 thesis statement 이다. 즉, 서론에서는 독자의 주의를 끌기 위한 훅, 관련 배경정보, 주요 주장을 담은 주제문을 포함해야 한다.

흥미로운 사실이나 인용구 또는 질문과 같은 것들이 훅 hook 인데, 훅으로 시작해 독자의 관심을 끌어야 한다. 그런 다음, 주제에 대한 배경정보를 제공하고, 글쓴이의 주요 주장을 제시해야 한다. 사람에게 첫인상이 중요하듯이 글도 첫인상이 중요하다. 글의 첫 부분에 해당하는 서론은 매우 중요하다.

햄버거의 고기와 토핑 같은 본론 Body : 본론은 햄버거의 고기와 채소, 토핑처럼 글의 주요 내용과 세부사항을 포함한다. 각 단락에는 주제와 관련된 문장을 담아내는 데 초점을 맞추어야 한다. 예를 들어, '내가 가장 좋아하는 친구가 저스틴 Justin 인데, 그 친구는 참 착해요!'라고 시작하는 문단을 썼다면, 그 문단 안에는 친구가 착하다고 생각하는 이유 혹은 착하다고 느꼈던 에피소드를 써야 한다. 뜬금없이 갑자기 '저스틴이 수학을 잘해서 좋아하게 되었다'라고 쓴다면 '착함'과는 동떨어지니 안 된다.

햄버거의 하단 빵 같은 결론 Conclusion : 결론은 햄버거의 하단 빵처럼 글을 마무리하고 주요 내용을 요약하는 역할을 한다. 결론은 서론에서 썼던 주제문을 다른 문장으로 바꾸는 것으로 시작해야 한다. 서론에서 썼던 주제문을 똑같이 쓰는 것보다 다른 표현으로 쓰는 것을 추천한다. 그런 다음, 본문의 주요 내용을 요약하고, 자신이 이 글에서 가장 주장하고 싶거나 원하는 문장을 형용사 등을 쓰면서 끝내야 한다.

이 햄버거 그림을 이용하면 글의 구조를 재미있게 익힐 수 있다. 아이들의 생각과 아이디어를 잘 담아낼 수 있고, 글이 주장하고자 하는 바가 명확해지며, 논리적인 구조를 갖출 수 있다.

5장
햄버거의 상단 빵 같은
서론 쓰기

사람을 만날 때 첫인상이 가장 중요하다고 한다. 첫인상의 느낌이나 강렬하게 들었던 생각이 나중에 그 사람을 깊게 알아가더라도 오래도록 남아 있기 때문이다. 글도 똑같다. 글의 서론Introduction에서 생겨난 느낌이 글을 계속 읽더라도 계속되기 때문이다.

서론은 독자에게 첫인상을 주는 데 중요한 역할을 한다. 잘 작성된 서문은 독자에게 긍정적인 인상을 심어주고, 전체 글뿐만 아니라 글쓴이에 대한 관심과 호기심을 불러일으킬 수 있다. 잘 작성된 서문은 독자로 하여금 더 읽고 싶게 만든다. 서문Introduction은 크게 독자의 흥미나 관심을 끄는 문장인 훅Hook, 배경정보Background Information 그리고 주제문Thesis Statement으로 이루어져 있다.

훅Hook

'훅Hook'은 영어로 '낚싯바늘'이다. '낚싯바늘'처럼 독자의 관심을 낚

아채는 문장이다. 독자를 끌어당기는 문장이라고 보면 된다. 아이들이 쓰는 글들에서 주로 사용되는 훅은 다음과 같다.

사실이나 통계를 언급하기

As Walt Disney once said, 'If you can dream it, you can do it.' Do you believe in the power of dreams to become reality?

Most people love to have a dog as their pets.

월트 디즈니는 '꿈을 꿀 수 있다면, 할 수 있습니다'라고 말했습니다. 여러분은 꿈이 현실이 될 수 있는 힘을 믿나요?

대부분의 사람들은 개를 애완동물로 키우는 것을 좋아합니다.

질문 형태의 훅을 추가하기

Have you ever wondered why some people achieve extraordinary success while others struggle to make ends meet?

여러분은 왜 어떤 사람들은 놀라운 성공을 거두는 반면 다른 사람들은 먹고살기 위해 고군분투하는지 궁금해 본 적이 있나요?

이야기를 통해 시작하기

Imagine a young boy who grew up in poverty, but through sheer determination and hard work, he became a successful entrepreneur. This is the story of John's incredible journey.

가난 속에서 자랐지만 순수한 결심과 노력으로 성공한 기업가가 된 어린 소년을 상상해 보세요. 이것은 존의 놀라운 여정에 대한 이야기입니다.

비유를 통해 시작하기

The human mind is a vast ocean of possibilities, waiting to be explored and harnessed for endless creativity and innovation.

인간의 마음은 끝없는 창의력과 혁신을 위해 탐구되고 활용되기를 기다리는 광대한 가능성의 바다입니다.

제목에 대해서도 잊지 말 것!

Unlocking the Secrets of Success: How Ordinary People Achieve Extraordinary Results

성공의 비밀을 풀어내기: 평범한 사람들이 비범한 결과를 얻는 방법

사실 아이들에게 훅Hook을 글의 형식에 맞게 매번 다르게 쓰라고 요구하면 조금 어려울 수도 있다. 글의 목적과 방향에 맞추어 매번 다른 서문을 쓰는 것은 버거울 수 있다. 이런 경우에는 아이가 쓰기 편한 서문을 몇 가지 연습해 보는 것이 좋을 것이다. 하지만 매번 똑같은 서문을 기계처럼 쓰는 것은 올바른 방법이 아니다. 급하게 글쓰기 실력을 향상하고 싶은 마음에 몇 가지 서문을 암기하는 경우가 종종 있는데, 그렇게 하면 글의 깊이가 부족해지는 등 감점을 받게 된다. 그러니 좋은 방법은 아니다.

(1)지루한 시작: 문장이 평범하거나 일반적인 내용으로 시작하면 독자의 관심을 끌지 못할 수 있다.

대치동 초등영어 글쓰기

지루한 시작 예시

In this essay, I will talk about my favorite animal, the lion.

이 글에서 나는 제가 가장 좋아하는 동물인 사자에 대해 이야기할 것입니다.

개선된 시작 예시

Did you know that the mighty lion, with its majestic mane and fierce roar, is known as the king of the animal kingdom? Join me as I explore the fascinating world of lions.

사자, 그 위엄 있는 갈기와 강렬한 포효로 알려진 동물 왕국의 왕이라는 사실을 알고 계셨나요? 나와 함께 사자의 매혹적인 세계를 탐험해 보세요.

(2)에세이 주제 반복: 서문에서 직접적으로 에세이 주제나 문제를 반복하면 글이 지루하게 느껴진다. 자신만의 시각이나 독특한 관점을 처음부터 제시해 보자.

지루한 서문 예시

The topic of my essay is 'My Summer Vacation'. During my summer vacation, I had a lot of fun.

저의 에세이 주제는 '나의 여름 방학'입니다. 여름 방학 동안 많은 재미를 가졌어요.

개선된 서문 예시

As the warm rays of the sun kissed my skin, I embarked on an unforgettable adventure during my summer vacation. Come along as I share the thrilling moments and cherished memories of my summer escapades.

햇빛이 피부를 부드럽게 감싸며, 나는 여름 방학 동안 잊지 못할 모험을 떠났습니다. 나와 함께 여름 휴가의 짜릿한 순간과 소중한 추억을 나눠보세요.

배경정보 Background Information

배경정보는 독자의 흥미와 관심을 끌어낸다. 배경정보Background Information를 쓰면 독자로 하여금 글의 주제나 주장에 대해 충분히 이해하도록 돕는다. 아이들이 쓰는 글의 경우 배경정보는 주제나 주장을 둘러싼 문맥을 제공하여 독자로 하여금 글의 내용을 이해할 수 있게 도와준다. 글의 전체적인 맥락을 이해하는 데 도움이 되며, 글의 논리적 흐름을 구성하는 데도 기여한다. 따라서 배경정보는 서문을 효과적으로 구성하고 독자의 이해와 관심을 돕는 중요한 요소이다.

주제문 Thesis Statement

주제문Thesis Statement은 글의 주제와 주장을 간결하게 요약한 문장으로, 글의 시작 부분에 위치한다. 우선 주제문은 모호하지 않고 명확하게 주장되어야 한다. 무엇을 말하고자 하는지 확실하게 표현되어야 한다. 훅Hook에서 글의 분위기를 이끄는 문을 잘 열었다면 주제문Thesis

Statement에서는 글쓴이의 의견이 간결하고도 명확하게 드러나야 한다. 그렇기 때문에 주제문은 한 문장으로 정확하게 요약되어야 한다. 아무리 긴 글이라도 글쓴이의 주장을 한 문장에 함축적으로 담아내는 것이 바람직하다. 길게 늘어지거나 복잡한 문장보다 간결하고 명료하게 작성되어야 한다.

다음은 주제문Thesis Statement과 배경정보Background Information의 바람직한 예이다.

바람직한 예

[Thesis Statement] Dogs are the best pets for kids due to their loyal and loving nature, which provides emotional support and companionship for children. [Background Information] Many families consider getting a pet for their children, and among various options, dogs stand out as a popular choice.

[Thesis Statement] Eating healthy foods, such as fruits and vegetables, is essential for kids' growth and development. [Background Information] Good nutrition is crucial for children's growth and development. Fruits and vegetables are rich sources of supporting their physical and cognitive development.

[Thesis Statement] Reading is a fundamental skill for

kids that promotes language development, cognitive skills, and imagination. [Background Information] Reading is a fundamental skill that lays the foundation for a child's education and development. It not only helps kids acquire language skills but also fosters cognitive abilities and stimulates their imagination.

6장
햄버거의 고기와
토핑 같은 본론 쓰기

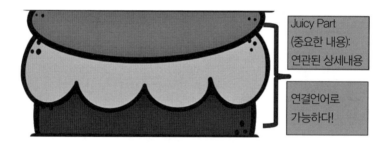

위의 햄버거 그림에서 'Juicy Part'는 전체 글의 몸통인 본론Body이다. 햄버거와 마찬가지로 중간에 어떤 재료들이 들어가느냐에 따라 그 햄버거의 맛이 확연히 달라진다. 만약 채소와 고기만 넣고 싶다면 그렇게 해도 되고, 다양한 토핑으로 햄버거의 맛을 올리려면 이것저것 여러 단락을 구성해 글을 풍부하게 하면 된다.

햄버거 안에 있는 토핑, 즉 본론은 다음과 같은 구조로 되어 있다.

Body Paragraphs (more than 3) 본문 단락 (3개 이상 가능)	Topic Sentence 주제문 Supporting Details 부연설명 Concluding Sentence 결론문
	Topic Sentence 주제문 Supporting Details 부연설명 Concluding Sentence 결론문
	Topic Sentence 주제문 Supporting Details 부연설명 Concluding Sentence 결론문

주제문 Topic Sentence: 말 그대로 각 문단의 주제문이다.

부연설명 Supporting details: 중심 생각 Main Idea 을 뒷받침해 주는 이유나 상세 설명에 해당한다.

결론문 Concluding Sentence: 문단을 마치는 중요한 역할을 하는 문장이다. 대부분 이 문장을 건너뛰고 다음 문단을 시작하는 경우가 많은데, 본론의 결론을 내야 할 때 빼놓을 수 없는 중요한 문장이다.

그럼, 본론의 바람직한 예를 소개해 보겠다.

바람직한 예

[Main Sentence] Fall is my favorite season. [Supporting details] Supporting details The weather is perfect for outside activities. I like going on hikes with my brother and fishing with my dad. I look forward to the smell of a fire and the taste of burnt marshmallows. [Concluding Sentence] I love fall weather!

여기서 잠깐!

• 들여쓰기 Indent

나는 영어 글쓰기 수업을 할 때 아이들에게 제약과 규칙을 설명하지 않으려 노력하는 편이다. 좋은 글은 글쓴이의 개성이 드러나야 하고, 틀에 박힌 글은 좋은 글이 아니라고 생각하기 때문이다. 사고력과 창의력이 마구마구 샘솟아야 겁 없이 글을 쓸 텐데, 제약과 규칙이 생기면 오히려 글을 쓰는 속도가 느려지거나 글을 쓰는 재미도 잃어버리기 때문이다.

그럼에도 불구하고 아이들을 가르치면서 가장 중요하게 생각하는 규칙 하나는 들여쓰기Indent이다. 아이들은 어른들과 달리 무엇이든 서두르는 경향이 있다. 엎어지면 코 닿을 곳이라도 걷지 않고 뛰어다닌다. 그래서일까? 학교나 유치원에서 아이들에게 가장 먼저 가르치는 것 중 하나가 '횡단보도 건너기'이다. 보행자 신호에 파란불이 들어오더라도 잠시 쉬었다가 손을 들고 건너가라고 교육한다. 파란불이 들어오자마자 건너가면 위험천만한 일이 벌어질 수도 있기 때문이다. 글을 쓸 때도 마찬가지다. 아이들은 글을 빠르게 완성하고 싶어 하므로 들여쓰기와 같은 형식적인 규칙을 무시하는 경우가 종종 있다.

아이들은 글을 쓸 때 무작정 아이디어를 나열하거나 써 내려가는 경우가 많은데, 글의 문단을 구분하는 데 빼놓을 수 없는 것이 바로 들여쓰기다. 국어 글쓰기에서도 들여쓰기는 반드시 지켜야 하는 원칙이고, 이것을 어기면 감점을 받게 된다. 그것도 이유겠지만 들여쓰기는 사실 문단과 문단을 나누는 기준을 세우는 데도 반드시 필요하다. 문단과 문단을 구분하지 못하면 왜 쪼개야 하는지, 그 문단별로 어떤 글이 다르게 들어가야 하는지를 큰 그림 없이 글을 쓰게 된다. 그렇기에 들여쓰기는 글쓰기에서 반드시 지켜야 하는 규칙이다. 영어 글쓰기에서 들여쓰기는 5칸의 띄어쓰기를 사용한다. 문단의 첫 번째 문장은 들여쓰기를 해야 하며, 이로써 해당 문단이 시작되었음을 보여준다.

.

> **Fall is my favorite season. The weather is perfect for outside activities. I like going on hikes with my brother and fishing with my dad. I look forward to the smell of a fire.**

• 전환어 Transition Words

전환어 Transition Words 는 글이나 문장 사이에 사용되는 단어나 구로, 문장과 문장, 단락과 단락, 문단과 문단 사이의 논리적 관계를 강조하고 연결해 주는 역할을 한다. 이러한 전환어는 시간적 순서, 공간적 순서, 원인과 결과, 비교와 대조, 예시와 설명, 강조와 부정, 요약과 결론 등 다양한 목적에 따라 사용된다. 전환어를 적절하게 사용하면 글의 논리적 흐름을 개선하고 독자의 이해를 도울 수 있다.

opening:

· It is often said that 흔히들 ~라고들 합니다.

· Many people claim that 많은 사람들이

· In this day and age 이 시대에

· Nowadays These days 요즘은

· We live in an age when many of us are

   우리는 우리 중 많은 사람들이 사는 시대에 살고 있습니다.

· is a hotly-debated topic that often divides opinion.

   자주 의견이 갈리는 뜨거운 주제입니다.

· is often discussed yet rarely understood.

   자주 논의되지만 거의 이해되지 않습니다.

· It goes without saying that is one of the most important issues facing us today.

   말할 것도 없이 오늘날 우리가 직면한 가장 중요한 문제 중 하나입니다.

· The following essay takes a look at both sides of the argument.

   다음 에세이는 논쟁의 양면을 살펴봅니다.

introducing points:

· Firstly, let us take a look at 먼저

· To start with 우선

· First of all, it is worth considering 우선 고려할 가치가 있습니다.

· Secondly 두 번째로

- Thirdly 세 번째로

- Furthermore, In addition, What is more, On top of that 게다가

- Another point worth noting is 또 하나 주목할 만한 점은

- Another factor to consider is 고려해야 할 또 다른 요소는

- Lastly 마지막으로

- Finally 드디어

- Last but not least 마지막으로 중요한 것은

- When it comes to ~에 관한 한

- In terms of ~의 관점에서 보면

- With respect to ~에 관해서는

- Not only… but also ~뿐만 아니라… 하지만 또한

- Research has found that 연구에 의하면

- There are those who argue that ~라고 주장하는 사람들이 있습니다.

- For instance, For example, such as 예를 들어

- According to experts 전문가들에 따르면

expressing result & reason:

- As a result, As a result of 결과적으로

- has led to ~로 이어졌습니다.

- has resulted in ~는 ~을 낳았습니다.

- Consequently 결과적으로

- Therefore 그러므로

- On account of, Due to ~때문에

· One reason behind this is 한 가지 이유는

concluding:

· To sum up 요약하자면

· In conclusion 결론적으로

· All things considered 모든 것을 고려해 볼 때

· Tako everything into consideration 모든 것을 고려하면

· Weighing up both sides of the argument
　논쟁의 양쪽 측면을 따져보면

contrasting:

· Although, Even though 비록

· Despite, In spite of noun, gerund 불구하고

· Despite the fact that 그럼에도 불구하고

· On the one hand 한편으로는

· On the other hand 반면에

· However 하지만

· Even so 그렇더라도

opinion:

· The advantages of… outweigh the disadvantages
　~의 장점… 불리한 점을 능가합니다.

· As far as I'm concerned 내가 아는 한

- From my point of view 제 관점으로는
- In my opinion 제 생각에는
- Personally speaking 개인적으로 말하자면
- My own view on the matter is…

  그 문제에 대한 나의 견해는 ~입니다.

7장
햄버거의 하단 빵 같은
결론 쓰기

결론Conclusion은 글의 마지막 부분으로, 글의 요점을 간결하게 정리하고 마무리하는 부분이다. 글의 전반적인 내용을 독자에게 다시 한 번 강조하고, 글의 목적과 주장을 강조하며 글을 마치는 역할을 한다. 다음은 결론의 중요한 요소이다.

요점을 간결하게 정리: 결론에서는 글의 중요한 요점들을 간결하게 정리하고 강조하여, 독자가 글의 핵심 내용을 명확하게 이해할 수 있도록 한다. 그러나 앞에서 언급했던 내용을 다시 반복하는 것은 옳지 않다.

글의 의미나 가치 강조: 결론에서는 글의 의미나 가치를 강조하여, 독자에게 글의 중요성을 강조한다. 글이 다루는 주제나 내용의 중요성을 강조하여 독자의 관심을 높이고, 글의 가치를 강조하여 글의 완결성을 도모한다.

인상적인 마무리: 결론에서는 인상적인 마무리를 하여 독자의 머릿속에

글의 내용을 남기도록 해야 한다. 감동적인 문구, 인용구, 질문 또는 간결하고 강력한 문장 등을 활용하여 글을 감동적으로 마무리한다.

결론은 글의 마지막 부분으로, 독자에게 강렬한 인상을 남기고 글의 목적을 강조하는 중요한 부분이다. 따라서 글의 전반적인 내용을 간결하게 정리하고, 목적과 주장을 강화하여 인상적인 마무리를 하도록 해야 한다.

[결론의 요소]

1. 주제문의 주장과 증거를 다시 언급하기 Restate Your Thesis Claim and Evidence: 독자에게 글쓴이의 주장이 타당하다는 것을 설득하기 위해 필요한 문장

2. 새롭고 흥미로운 통찰력 제공 Provide New and Interesting Insight: 글쓴이의 개성과 창의력을 돋보이게 하기 위해 필요한 문장

3. 독자와 개인적인 연결형 Form a Personal Connection With the Reader: 독자로 하여금 공감을 일으키기 위해 필요한 문장

바람직한 예

In conclusion, [Restate Your Thesis] my dream of becoming a soccer player is fueled by my passion and dedication to the sport. [Interesting Insight] I believe that I can achieve my goal of playing soccer professionally. [Personal Connection] I am committed to pursuing my soccer dreams and will continue to work tirelessly towards making them a reality.

대치동 초등영어 글쓰기

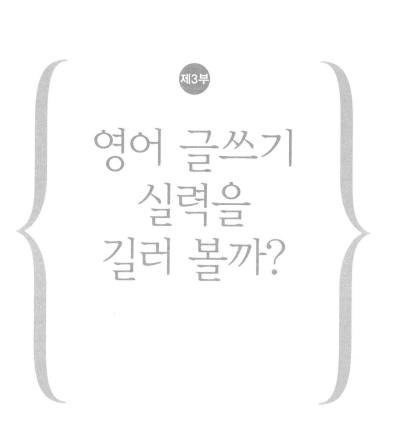

제3부

영어 글쓰기
실력을
길러 볼까?

8장
묘사형 글쓰기 Descriptive Writing 부터 해볼까?

What is your favorite holiday in the world?

당신이 세상에서 가장 좋아하는 휴일은 무엇입니까?

사실 이 제시문은 대치동에서 몇 년 동안 자주 출제되던 영어 글쓰기 주제인데 요즘에는 좀 달라진 형태로 등장하고 있다. 여기서 우선 관심을 가져야 할 단어는 'holiday'인데, 영어에서 'holiday'는 모든 가족이 모여 지내는 명절에 해당한다. 어른들의 관점에서는 온 가족이 모이는 설이나 추석 등이 'holiday'에 해당하겠지만 아이들의 경우에는 좀 다르다.

아이들에게 "네가 가장 좋아하는 홀리데이는 무엇이니?"라고 물어보면 "내 생일"이라고 대답하는 아이도 있고, "어린이날"이라고 대답하는 아이도 있다. 그리고 아이들이 가장 많이 꼽는 홀리데이는 크리스마스이다. 아이들에게는 부모님이나 산타클로스가 멋진 선물을 주는 이날도 멋진 홀리데이이기 때문이다. 그런데 영어 글쓰기에서 제시문으로 '당신이 세상에서 가장 좋아하는 휴일'에 대해 묻는다면 그와 관련된 다양하고 풍부하게 이유를 들 수 있는 날을 이야기하는 것이 좋다.

아이들이 글쓰기를 어려워하는 가장 큰 이유는, 잘 기억나지 않는 이야기를 길게 풀어서 이야기하는 것이 어렵기 때문이다. 길게 이야기해야 하느라 살을 붙여서 쓰느라 종종 '거짓말'을 하고 있다고 느끼는 아이들도 많다. 예를 들어, "제가 가장 좋아하는 명절은 추석인데, 맛있는 음식을 많이 먹을 수 있어서요. 할로윈을 좋아하긴 하지만 맛있는 음식을 먹는 추석이 가장 좋아요!"라고 간단하게 글을 쓰는 아이들이 있다. 자신의 머릿속에 가장 강렬한 인상을 남긴 '맛있는 음식'에 푹 빠져서 이런 글을 쓰는 우를 범하고 마는 것이다.

이런 아이들에게는 글쓰기의 가장 기본적인 핵심을 설명해 주는 것이 좋다. 영어 글쓰기뿐만 아니라 논술이나 글쓰기를 할 때도 다양한 이유나 에피소드를 쓸 수 있는 주제로 글쓰기를 시작하는 것이 바람직하다. "강렬한 한 가지 이유보다 여러 가지 이유를 들 수 있는 주제로 글을 쓰는 것이 모든 글쓰기의 기초"임을 아이들이 이해할 수 있도록 설명해 줘야 한다.

여기서 잠깐!

• 서술형 글쓰기 Descriptive writing

좋은 서술형 글쓰기는 독자로 하여금 머릿속에 생생한 상상을 불러일으키도록 해야 한다. 특히, 그저 평면적으로만 서술하는 데 그치지 말고 감정이나 관계에 대해서도 설명해야 한다. 서술형 글쓰기를 많이 연습하게 되면, 아이들이 적재적소에 형용사 adjective나 부사 adverb를 쓰는 법을 깨우치게 된다.

그런데 가장 중요한 것은 두리뭉실한 단어가 아니라 정확한 단어를 선택하여 사용하는 것이다. 형용사와 명사 그리고 동사를 사용하여 독자의 상상을 자극할 수 있도록 묘사하는 것이 바람직하다. 최대한 세부적인 단어를 선택하면 구체적으로 묘사할 수 있는데, 이는 글쓰기의 가장 기본적인 원칙이자 기술이다. 그렇기 때문에 최대한 자세하게 자신의 이야기를 할 줄 알아야 한다. 설명보다는 구체적인 묘사를 통해 자신의 생각이나 이유를 서술하는 것이 글쓰기의 기본 기술이다.

잘못된 예문

In a boring forest, the sun barely shone through the plain green leaves. A squirrel climbed up a not-so-tall tree using its normal paws. It hopped onto a branch, and the leaves barely moved in the breeze. The forest had a few birds chirping, but their feathers were just plain colors against the sky. I didn't really feel anything special, just kind of bored by the nature around me.

지루한 숲 속에서, 태양은 평평한 녹색 잎사귀 사이로 겨우 비쳤습니다. 다람쥐 한 마리가 보통의 발을 사용하여 키가 그리 크지 않은 나무 위로 올라갔습니다. 나뭇가지에 뛰어올라 나뭇잎이 미풍에 거의 움직이지 않았습니다. 숲에는 몇 마리의 새들이 지저귀고 있었지만, 그들의 깃털은 하늘을 배경으로 한 평범한 색깔이었습니다. 저는 특별한 것을 느끼지 못했습니다. 단지 제 주변의 자연에 지루함을 느꼈을 뿐입니다.

얼마나 추상적이고 뜬구름 잡는 스토리의 전개인가. 다음에 소개하는 방법은 아이들이 독자에게 이야기를 더 생생하게 전달할 수 있도록 돕는다. 즉, 자신의 감정이나 특징을 간단히 설명하는 것보다 자신의 경험과 행동 등을 자세하게 소개함으로써 독자로 하여금 공감대를 형성할 수 있다. 예를 들어, 신체 언어, 표정, 소리, 색, 냄새, 소리 등을 사용하여 독자가 이야기의 상황을 더욱 생생하게 상상할 수 있도록 하는 것이 바람직하다.

(1) 주제 topic : What is your favorite holiday? 크리스마스가 좋은 이유?

(2) 중심 생각 main idea : 3 ideas Brainstorming 3가지 이상의 아이디어를 브레인스토밍하기

산타클로스가 선물을 주니까   엄마, 아빠가 선물을 주니까

교회에 가니까   캐롤을 들으니까

맛있는 음식을 많이 먹으니까   눈싸움을 할 수 있으니까

눈사람을 만드는 일을 할 수 있으니까

(3) 이 아이디어들을 세 개의 카테고리에 맞게 묶기

Presents (선물)	Special events (특별한 이벤트)	Snow (눈)
·산타클로스가 선물을 주니까 ·엄마, 아빠가 선물을 주니까	·교회에 가니까 ·캐롤을 들으니까 ·맛있는 음식을 많이 먹으니까	·눈싸움을 할 수 있으니까 ·눈사람을 만드는 일을 할 수 있으니까

Favorite Holiday
(좋아하는 휴일)

-Christmas(크리스마스)

Present
(선물)

Special Events
(특별한 이벤트)

Snow
(눈)

(4) 중심 생각 main idea 의 특징에 대해 서술하기

첫 번째 단락 paragraph: '선물을 받는 게 왜 좋을까?'에 대해 서술하기

그동안 좋아하고 기다렸던 선물을 부모님이 주시니까

이 문장 말고도 "착한 일을 해서 산타클로스가 선물을 주시니까"라는 문장을 쓸 수도 있을 것이다. 크리스마스는 다른 홀리데이 holiday 에 비해 행복한 경험이 강하므로 가장 최고라고 꼽는 아이들이 많다.

(5) 중심 생각의 특징에 대한 이유와 예시 서술하기

선물을 받았을 때의 경험이나 일화를 서술해야 한다. 그런데 아이들은 어른들처럼 기억이 체계적이고 조직적이지 않다. 그래서 "너, 언제 받은 크리스마스 선물이 가장 기억에 남고 좋으니?"라고 물으면 대답하는 데 오랜 시간이 걸린다. 그리고 "음, 내가 좋아했던 선물은 이것도 있고

저것도 있고 한 거 같아요"라고 대답한다.

이 경우에는 우선 가장 좋아하는 선물을 받았던 그해를 떠올리고, 왜 그 선물이 좋았는지를 이야기해 보도록 해야 한다. 예를 들어, 2년 전 크리스마스 때 산타클로스에게 받은 레고가 기억에 남는다고 한 친구가 있다. 그 이유는 레고로 새로운 것들을 많이 만들어보고, 친구들과 즐거운 놀이를 할 수 있었기 때문이다. 바로 이러한 경험이나 에피소드를 구체적으로 서술하도록 해야 한다.

[Sample Essay]

What is your favorite holiday? In my case, my favorite holiday is Halloween due to three reasons. I can eat a lot of candy, surprise someone, and wear special costumes. Here are detailed reasons why I choose Halloween as my number one.

First of all, I love eating candy on Halloween. When kids say "Trick or treat!", most adults give out goodies like sweet candy and chocolate. I think eating these sweet treats is one of my favorite things to do on Halloween. Last Halloween, I received gummy worms and they were delicious.

Secondly, I like to surprise my friends and family with my scary looks. When I surprise them, they give me a special look of surprise. For example, one year I dressed up as a

---

vampire and my brother was so shocked he almost fainted. It's the only time I'm allowed to scare people on Halloween.

Thirdly, I enjoy wearing special costumes on Halloween. Last year, I dressed up as a vampire, and two years ago I was a zombie. It was so exciting and thrilling because I can't wear those costumes in my daily life. That's why I love to dress up in special clothes on Halloween.

In conclusion, my favorite holiday is Halloween because I can eat a lot of candy, surprise people, and wear special costumes. I can't wait for Halloween to come this year!

[필수 어휘 Focused Vocabulary **]**

	의미 Definition	동의어 Synonym
due to	때문에, ~덕분에	because of, owing to, on account of
Trick or treat	할로윈 때 사탕을 달라는 뜻	n/a
faint	실신하다, 기절하다	pass out, black out
thrilling	흥미진진한, 짜릿한	exciting, exhilarating
dress up	멋지게 차려입다	put on fancy dress, get dressed up, costume up
be allowed to	할 수 있도록 허용되다	be permitted to, be authorized to, be granted permission to

[Sample Essay]

Most kids love Christmas as the best holiday! It's my favorite time of the year, too. There are mainly three reasons, such as outstanding decoration, a variety of presents and delicious feast in Christmas.

First of all, I love it because of all the decorations and lights. They make everything look so pretty and magical. My family and I like to drive around the neighborhood to look at all the pretty lights on the big stores, including huge department stores. We even decorate our own house with lights and a big Christmas tree!

Another reason why Christmas is the best holiday is because of the presents. Who doesn't love getting presents? I always look forward to opening all the presents under the tree on Christmas morning. I also love giving presents to my family and friends. It feels good to make them joyful with something they've been wanting.

Lastly, Christmas is also a time for yummy food! My mom always makes the best Christmas cookies and hot chocolate. We also have a big feast with pizza, hot dogs and a lot of cakes, and all sorts of yummy sides. And of course, we can't forget about the Christmas candy canes and chocolates!

In conclusion, Christmas is the most wonderful time of the year. It's full of fun activities, delicious treats, and special moments with loved ones. That's why it's my favorite holiday. I hope Christmas comes soon this year.

[필수 어휘 Focused Vocabulary **]**

	의미 Definition	동의어 Synonym
outstanding	뛰어난, 탁월한	exceptional, superb, outstanding, remarkable, excellent
a variety of	다양한 종류의, 여러 가지의	a range of, a selection of, different kinds of, assorted, diverse
magical	마법적인, 환상적인	enchanted, mystical, otherworldly, ethereal, mystical, supernatural
look forward to	기대하다, 기대감을 가지다	anticipate, await, expect, hope for, be excited about
Joyful	기쁜, 즐거운	happy, delighted, elated, cheerful, exuberant, jubilant
neighborhood	동네, 이웃 사이, 지역 사회	community, locality, district, area, region, suburb

9장
또 다른 묘사형 글쓰기 Descriptive Writing ,
한 번 해볼까?

Who is your favorite person in the world?

당신이 세상에서 가장 좋아하는 사람은 누구예요?

10월이 되면 대치동에서는 예비 초1 아이들의 치열한 영어학원 입시가 시작된다. 8학군지, 특히나 영어학원이 많지 않은 곳에서 일어나는 진풍경이기도 하다. 그래서 매년 어떤 주제의 라이팅 토픽이 유행하는지가 초미의 관심사인 것도 사실이다. 대치동에서 영어 라이팅 학원을 운영하는 나로서는 이와 관련된 교육 트렌드에 민감할 수밖에 없다. 앞으로 어떤 주제가 영어 글쓰기의 제시문으로 유행할지 촉각을 곤두세우곤 한다.

'좋아하는 시리즈 favorite series'는 예비 초1 아이들이 라이팅을 접할 때 가장 먼저 쓰기 시작하는 주제이다. '가장 좋아하는 동물은? 책은? 친구는?' 등의 주제는 아이들로 하여금 재미있는 이야기보따리를 열 수 있게 하기 때문이다.

어린이들이 '좋아하는 시리즈'에 대해 잘 쓰는 이유는, 해당 주제에 상대적으로 높은 흥미를 가지고 참여하기 때문이다. 아이들은 캐릭터, 줄거리, 전체 이야기에 애정을 갖고 있기 때문에 긍정적인 내용의 글쓰기가 가능한 주제이다.

아이들은 배경, 캐릭터, 줄거리와 같은 중요한 요소에 초점을 맞추고, 시리즈에서 예시를 사용하여 주장을 뒷받침할 수 있다. 또한, 자신이 좋아하는 시리즈에 대해 쓰도록 하면 재미있고 즐거운 방식으로 글쓰기 기술을 연습할 수도 있다.

나는 영어 라이팅에서 가장 쓰기에 적절한 주제가 '좋아하는 사람favorite person'이라고 생각한다. 우리나라 아이들이 영어 라이팅을 어려워하는 가장 큰 이유는 무엇을 써야 할지 모르기 때문이다. 가장 좋아하는 사람에 대해 써보라고 하면 대부분의 아이들이 어렵지 않게 쓸 수 있다. 하지만 너무 짧고 단순하게 쓰는 것이 문제다.

'내가 좋아하는 사람은 내 단짝 친구 에이미Amy인데, 내가 걔를 왜 좋아하냐구요? 그녀는 매우 착합니다She is very nice. 끝!'

이 아이는 '내가 착한 에이미를 좋아한다는데 무슨 이유가 필요하지?'라고 생각하며 당연한 질문을 하는 나를 의아한 눈빛으로 쳐다본다. 그럼 나는 하나하나 예시를 들어줘야 한다.

"그렇지. 네가 에이미를 좋아하는 건 에이미가 착해서일 거야. 그럼 왜 착하다고 생각하는 거니?"

이렇게 하나하나 생각의 나래를 펼칠 수 있도록 자세한 질문을 건네야 한다. 왜냐고? 이런 질문이 꼬리에 꼬리를 물다 보면 정확하게 내가 왜 에이미를 좋아하는지, 에이미와 무슨 일이 있었는지 등을 글로 쓸 수 있기 때문이다. 다른 친구들이 가지고 있지 않은 아주 멋진 장점을 가진 에

이미에 대해 저 마음속 깊은 어딘가에서 답을 찾을 수 있기 때문이다.

여기서 잠깐!

• 묘사형 글쓰기의 유의사항

너무 많은 세부사항: 묘사형 글쓰기descriptive writing에서 너무 많은 세부사항을 포함시키면 글이 복잡하고 어려워질 수 있다. 따라서, 아이들이 작성하는 내용을 좀 더 간결하고 명확하게 줄이는 것이 필요하다. 특히, 좋아하는 사람엄마나 친구에 대해 쓰기 시작하면 갑자기! 글 단락과 상관없는 글을 길게 길게 늘어뜨리는 경향이 있다. 이럴 때는 옆에서 주제와 관련된 이야기만 쓰도록 도와줘야 한다.

어휘: 묘사형 글쓰기를 할 때는 어휘 선택에도 신경 써야 한다. 단어가 너무 어려우면 아이들이 이해하지 못할 수 있으며, 너무 쉬우면 글이 지루해질 수 있다. 따라서, 아이들이 이해할 수 있는 어휘를 선택하되, 어느 정도 도전challenge를 할 수 있는 난이도의 단어를 골라야 한다.

감정: 묘사형 글쓰기를 할 때는 감정을 표현하는 것이 중요하다. 그리고 감정 표현에 대한 교육이 필요하다. 긍정적인 감정과 부정적인 감정을 표현하는 법을 배우고, 이것을 연습하는 것이 좋다.

(1) 주제 topic : Who is the most favorite person in the world? 누가 세상에서 가장 좋은가?

My friend, Amy! 내 친구, 에이미

(2) 중심 생각 main idea : 3 ideas Brainstorming 3가지 이상의 아이디어를 브레인스토밍

참 예쁘고 착한 친구이니까

예쁜 옷이 많으니까

함께 다니면 기분이 좋으니까

똑똑한 친구이니까

매일 같이 노니까

보드게임을 잘하니까

술래잡기를 잘하니까

영어를 잘하니까

그중에서도 스피킹을 잘하니까

(3) 이 아이디어들을 세 개의 카테고리에 맞게 묶기

Cute Friend 예쁜 친구	Smart Friend 똑똑한 친구	Hang out a lot 매일 논다
참 예쁘고 착한 친구이니까	똑똑한 친구이니까	매일 같이 노니까
예쁜 옷이 많으니까	영어를 잘하니까	보드게임을 잘하니까
함께 다니면 기분이 좋으니까	그중에서도 스피킹을 잘한다	술래잡기를 잘하니까

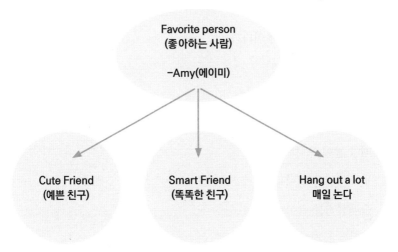

(4) 중심 생각 main idea 의 특징에 대해 서술하기

두 번째 단락 paragraph : '왜 똑똑한 친구가 좋을까'에 대해 서술하기

같이 다니면서 공부도 많이 하고 즐거운 시간을 가질 수 있으니까

아이들은 주위의 상황에 많은 영향을 받는다. 그래서 우리 선조들이 "끼리끼리 논다고" 말씀하셨을 수도 있다. 똑똑한 아이들은 더 똑똑한 친구들과 어울리면서 많은 자극을 받는다. 어린아이들은 학습에 대한 호기심이 많으며, 다른 친구들과 경쟁하고 성취를 이루는 것에 대한 욕구가 있다. 또한 공부를 잘하는 친구들과 함께 시간을 보내면, 그들과 함께하는 시간이 유익하다는 생각을 갖게 된다. 그래서 "그 친구가 왜 좋아?"라고 물어보면 "똑똑해서 좋아요"라고 말하는 아이들이 많다. 여기까지는 쉽게 생각할 수 있지만 여기서 한 단계 더 올라가려면 "왜 그 친구가 똑똑하다고 생각하니?"라고 자꾸 물어보고, 그 친구와 관련된 에피

소드를 생각하도록 코칭해 줘야 한다.

(5) 중심 생각의 특징에 대한 이유와 예시 서술하기

"왜 그 친구가 똑똑하다고 생각하니?"라고 물으면 "그냥 똑똑해요"라고 얼버무리는 아이들이 있다. 이런 아이들의 머릿속에 숨어 있는 기억을 꺼내게 하려면 몇 가지 예를 들어주는 것이 좋다.

예를 들어, 나는 체스게임을 한 번도 진 적이 없는데 그 친구와 함께 체스게임을 했다. 그런데 이 친구가 나를 이겨서 너무 놀랐다. 알고 보니 체스를 많이 좋아하고 잘하는 친구였다. 그래서 이 친구와 체스게임을 하면서 더 많이 배우고 싶다는 생각이 들었다.

[Sample Essay 1]

Most people have probably thought about who is the best person in the world. Even I have a hard time choosing my favorite person. However, if I had to choose, I would say that Amy is the best. The reasons are simple: she's pretty, smart, and we play together all the time.

Above all, Amy is very pretty. She comes to kindergarten every day wearing a beautiful pink dress. Sometimes we even put on matching hairbands and pretty clips together. It makes me feel like we are princesses.

Next, Amy is very smart. We played chess together one day. Even though I always beat my parents, she beat me. I thought I would be upset, but instead, I was excited to learn more about chess from her.

Lastly, we play together every day. After school, we meet at the playground or at my house and talk about what happened that day. We talk about which homework was fun, what the lunch was like, and the conversation never seems to end. It makes me so joyful to have a friend like her.

In conclusion, I love Amy so much. She has many good qualities, but being a good friend to me is the best of all. I hope we can be the best of friends forever.

[필수 어휘 Focused Vocabulary **]**

	의미 Definition	동의어 Synonym
above all	모든 것 중에서 제일, 제일 중요한 것	most importantly, primarily, mainly
even though	~임에도 불구하고	although, despite the fact that, notwithstanding
beat	두드리다, 치다, 이기다	strike, hit, defeat
joyful	기쁜, 즐거운	happy, delighted, pleased
instead	대신에, 그 대신	alternatively, as a substitute, in lieu of
conversation	대화, 회화	dialogue, discussion, talk

[Sample Essay 2]

Have you ever thought about your favorite person in the world? When I think about mine, my mind immediately goes to my dad. To me, my dad is a good person, and I feel incredibly lucky to have him in my life.

First of all, my dad is hilarious and always makes me laugh. It's because he has a funny face and a pleasant personality. For example, he can make me laugh by making silly clown faces. Spending time with him is always full of fun and delight.

Secondly, my dad takes excellent care of me. When my mom is at work, he steps in and makes sure I'm well taken care of. For instance, he helps me with things like taking a shower, putting me to sleep, and cooking me meals, just like my mom does. When my dad takes care of me, I feel safe, happy, and comfortable.

Lastly, my dad takes me to fun places. I enjoy going out and playing with him. For instance, we often go to places like Kids Cafe, the park, and go for bike rides together. In fact, next week, we have plans to go to the Kids Cafe again. I always have amazing time when I'm out with my dad.

In conclusion, for all these reasons, my dad is someone I truly admire and like the most. He's kind to me, takes great care of me, and always makes sure I have a good time when we're together. I love my father with all my heart.

[필수 어휘 Focused Vocabulary]

	의미 Definition	동의어 Synonym
immediately	즉시, 바로	instantly, promptly, right away
incredibly	믿을 수 없을 정도로, 대단히	extremely, exceptionally, tremendously
hilarious	매우 우스운, 재미있는	funny, amusing, comical
personality	성격, 인격	character, temperament, disposition
for all these reasons	이러한 모든 이유로	for these reasons, for all these causes, for all these factors
admire	존경하다, 칭찬하다	respect, esteem, applaud

[Sample Essay 3]

Most people have their own favorite person, and in my case, Eric is my favorite person outside of my family members. He has been my old friend for a long time and has always been there for me when I feel down. We have a lot of activities that we enjoy doing together, which makes him my favorite person. Here are some detailed reasons why Eric holds a special place in my heart.

First and foremost, Eric is an incredibly supportive friend. Whenever I'm feeling down or going through a tough time, he is always there to lend a listening ear and offer words of encouragement. He knows how to comfort me and make me feel better, and I truly appreciate his presence in my life during those challenging moments.

Furthermore, Eric and I share a lot of common interests and hobbies. We have a long history of doing activities together, such as playing video games, watching movies, and playing sports. We always have a great time when we're together, and I cherish the memories we've created through our shared hobbies. Eric brings a sense of joy and fun into my life, and I'm grateful for the bond we have.

Another reason why Eric is my favorite person is that he is incredibly reliable and trustworthy. I know that I can always count on him to keep his promises and be there for me when I need him. He has proven time and time again that he is a loyal and dependable friend.

In conclusion, Eric is my favorite person outside of my family because he is a supportive friend, we share common interests and hobbies, and he is reliable and trustworthy. I am grateful for his presence in my life and the meaningful connection we have built over the years. Eric is truly a special person to me, and I'm lucky to have him as my friend.

[필수 어휘 Focused Vocabulary **]**

	의미 Definition	동의어 Synonym
comfort	위로하다, 편안하게 하다	console, soothe, ease
furthermore	게다가, 더욱이	moreover, in addition, additionally
cherish	소중히 여기다, 아끼다	treasure, appreciate, value
reliable	믿을 수 있는, 신뢰할 수 있는	trustworthy, dependable, consistent
trustworthy	신뢰할 수 있는, 믿을 만한	reliable, dependable, honest
dependable	의지할 수 있는, 신뢰성이 있는	reliable, trustworthy, responsible

대치동 초등영어 글쓰기

10장
논술형 글쓰기 Expository Writing ,
한 번 해볼까?

What do you want to be when you grow up?

당신은 커서 무엇이 되고 싶습니까?

영어 글쓰기 수업 첫 시간에 아이들에게 항상 물어보는 질문이 있다. 바로 "꿈이 무엇인지?" 물어본다. 아이들은 어리기 때문에 자신이 이 다음에 커서 어떤 직업을 가지고 어떤 사람이 되고 싶은지를 궁리하는 것이 어렵기만 하다. 어린아이들에게 "네 꿈이 뭐니?"라고 물으면 대답하기 어려워하는 이유는, 아직 세상에서 자신이 무엇을 원하는지, 어떤 일을 하고 싶은지를 명확히 인식하지 못하기 때문이다. 또한, 그들은 아직 세상과 사회에 대해 충분히 이해하지 못하고, 다양한 직업들에 대한 지식과 경험이 부족하다. 따라서 아직 자신의 꿈이 무엇인지 모르는 경우가 많다. 하지만 이러한 질문을 건네면, 더 많은 경험을 쌓고 자신의 장점과 관심사를 발견할 수 있는 좋은 기회가 될 수 있다.

아이들에게 어려운 질문임에도 불구하고 미래의 꿈에 대해 고민하고 이야기를 써보라고 하는 이유는 크게 두 가지이다. 우선, 어떤 사람이 되겠다는 결심을 해보며 그 이유를 생각해 보고, 그 후에 어떤 어른이 되어 부모님과 친구들과의 '관계'가 어떻게 달라지게 될지 상상해 보면 자신의 꿈을 구체화할 수 있다. 아직 일어나지 않은 미래의 일을 우선 고민해 보면서, 이 직업을 선택하게 되면 어떤 부분을 더 노력해야 할지 스스로 자신의 진로를 구체적으로 세울 수 있는 것이다. 마지막으로 초등학교에 입학해서 대학에 입학할 때까지 12년 동안의 장기적 마라톤을 뛰기 전에 행복한 상상을 머릿속에 심어주면, 자신의 꿈을 향해 달려갈 힘을 더 낼 수 있기 때문이다.

대부분의 아이들은 의사, 수의사, 아니면 선생님, 혹은 축구선수가 되고 싶어 한다. 갈수록 전문가가 아니면 미래를 확신할 수 없다는 것을 눈치채기 때문에 그런 꿈을 키우는 것 같다. 하지만 왠지 너무 일찍 세상과 타협해 버린 것 같아서 씁쓸한 기분이 드는 건 어쩔수 없는 것 같다.

장래희망에 대해 질문하면 아이들은 두 가지 부류로 나뉜다. 엄마나 아빠의 바람대로 커서 의사가 되고 싶은 경우, 많이 고민해 보지 않아서 어떤 사람이 되고 싶은지 고민한 적이 없는 경우로 나뉜다.

엄마 아빠가 하라고 해서 전문직을 고른 아이	딱히 미래에 대해 생각해 본 적이 없는 아이

이 두 카테고리의 아이들 모두에게 많은 대화가 필요하다. 그냥 수동적으로 장래희망을 정해 버리는 아이는 왜 그 희망을 갖게 되었는지에 대한 이유를, 논리적으로 3가지의 근거를 생각해내는 것이 매우 어렵다.

그렇기에 자기주도적으로 자신의 꿈을 어떻게 키워나갈지를 고민하고 생각하는 힘이 필요하다.

자신의 꿈에 대해 고민한 적이 없다고 말하는 아이들에게는 어느 때 가장 즐겁거나 만족했는지를 하나하나 질문해 보고, 아이의 관심사부터 발견해야 한다. 그 후에 자신의 꿈을 어떻게 실현해 나갈지에 대해 상상의 나래를 펼칠 수 있도록 대화를 계속 주고받아야 한다.

자신의 장래희망에 대해 논리적인 글쓰기를 하는 경우에는 3가지 중심 생각이 필요하다.

첫 번째 중심 생각은, 그 직업을 갖게 되거나 혹은 준비하는 과정에서의 장점이다. 예를 들어, 의사가 되고 싶은 아이가 있다고 하자. 이 아이가 자신이 의사가 되고 싶은 이유에 대해 "의사가 되면 가장 좋은 점은 경제적으로 풍요로운 삶을 살게 되어 다른 사람을 돕는 것이 용이하다"고 했다고 하자. 사실 이렇게 말하면 순진무구해야 할 어린아이가 너무 속된 생각을 하는 것이 아니냐고 나무랄 수도 있다. 하지만 아이들에게 경제 관념이 굳이 나쁘지는 않은 것 같다. 세계 최강대국인 미국을 비롯해 전 세계를 움직이는 유대인들은 어려서부터 학교와 가정 등에서 경제 교육을 시키는데, 우리나라의 경우에도 갈수록 경제 교육을 늘리는 추세다. 어려서부터 경제 관념을 키우면 어려운 현실을 살아가는 데 필요한 힘을 키울 수도 있을 것이다. 그래서 나는 경제적인 이유 때문에 전문직을 선택하는 아이들을 나무라지 않는다.

두 번째 중심 생각은 자신이 잘하는 것과 관련된 직업을 선택하는 것이다. 예를 들어, 선생님이 되고 싶어 하는 아이가 있다고 하자. 이런 아이들은 대부분 "자신이 좋아하는 과목을 가르치는 선생님이 되고 싶다"

고 말한다. 아이들로 하여금 자신이 가장 좋아하는 것을 떠올리게 하고, 그와 관련된 꿈을 갖게 된 이유에 대해 생각해 보도록 유도해 보자. 예를 들어, 축구선수가 되고자 하는 이유는 "내가 축구를 너무 잘해서 선생님이나 엄마가 칭찬을 많이 해주었다"이다.

직업을 준비하는 과정에서 좋은 점	내가 지금 잘하는 것	성공하게 되면 하고 싶은 것

이렇게 세 가지의 중심 생각이 생기면, 그 뒤에 그런 생각을 하게 된 이유나 잘했던 경험과 에피소드를 쓰게 하면 된다.

여기서 잠깐!

• 왜 아이들은 논술형 글쓰기를 어려워할까?

논리적 사고 미숙: 논술형 글쓰기는 논리적인 사고와 주장을 효과적으로 표현하는 능력이 필요하다. 하지만 아이들은 논리적 사고에 약한 편이다. 논리적인 주장을 세우고 그 주장에 맞는 여러 다양한 생각을 정리해 내기가 어렵기 때문이다.

정보 조직화의 어려움: 논술형 글쓰기는 다양한 정보를 수집하고, 그 정보를 체계적으로 조직화해야 한다. 아이들은 정보를 효과적으로 찾아 선택하고, 그 내용들을 카테고리에 맞게 조직화하는 것을 어려워한다. 아직 중요도에 맞추어 줄을 세우기에는 배경지식이 충분하지 않기 때문이다.

감정적인 요소: 논술형 글쓰기는 주장과 반론을 객관적으로 다루는 것

이 중요하다. 하지만 아이들은 감정적인 요소에 더 민감할 수 있어서, 객관적으로 주장과 반론을 펼치는 것이 어려울 수 있다. '좋다, 싫다'라는 개념이 더 쉽게 다가오는 아이들이기에 옳다고 생각하는 주장이 개인적으로 싫게 느껴진다면, 그에 대해 논거를 세우기가 매우 어렵다.

(1) 주제 | topic : What do you want to be when you grow up? 나중에 커서 어떤 사람이 되고 싶니?

I want to become a soccer player in the future! 나는 미래에 축구선수가 되고 싶다!

(2) 중심 생각 main idea : 3 ideas Brainstorming 3가지 이상의 아이디어를 브레인스토밍하기

축구를 하면 기분이 좋으니까

친구들이 모이면 축구를 하는 게 좋으니까

친구들과 축구를 하면 훨씬 가까워지니까

축구를 하면 스타가 될 수 있으니까

손흥민처럼 되고 싶으니까

선생님이 내가 축구를 잘한다고 했으니까

가을에 축구 대회에 나간 적이 있는데, 이기는 기분이 참 좋으니까

(3) 이 아이디어들을 세 개의 카테고리에 맞게 묶기

Good at soccer 좋아함, 잘함	Social gathering 친구들	Role model 롤모델
축구를 하면 기분이 좋으니까	친구들이 모이면 축구를 하는 게 좋으니까	축구를 하면 스타가 될 수 있으니까
선생님이 내가 축구를 잘한다고 했으니까	친구들과 축구를 하면 훨씬 가까워지니까	손흥민처럼 되고 싶으니까
가을에 축구 대회에 나간 적이 있는데, 이기는 기분이 참 좋으니까		

(4) 중심 생각 main idea 의 특징에 대해 서술하기

첫 번째 단락 paragraph : '축구를 좋아하고 잘한다'에 대해 서술하기

나는 축구 연습을 하면 발전이 매우 빠르고 좋으니까

어린아이들은 객관적으로 자신이 어떤 분야에 능력이 있는지를 알아

내기가 쉽지 않다. 그래서 자신이 잘한다고 느끼는 것 또는 주위 사람이

잘한다고 칭찬해 주는 것에 대해 이야기하게 해야 한다. 두리뭉실하게 그냥 실력이 늘었다고 말하는 것보다 특정한 것, 예를 들어 "드리블과 슈팅을 연습했는데 엄청나게 성장하고 발전했다"라고 말하는 것이 바람직하다. 이처럼 구체적으로 생각해 보는 연습이 필요하다.

"공을 다루는 연습을 하면 다른 친구보다 더 빨리 느는 것 같아요!"

"그렇구나. 대단하다! 그렇게 빨리 잘한다고 칭찬한 사람이 있었니?"

"엄마랑 코치 선생님이 참 잘한다고 해주셨어요!"

"그럼, 정말 멋진 축구선수가 될 수 있겠구나!"

이렇게 꼬리에 꼬리를 무는 생각을 할 수 있도록 해주자.

(5) 중심 생각의 특징에 대한 이유와 예시 서술하기

"그럼, 왜 다른 친구들보다 네가 더 축구를 잘한다고 생각할까? 분명히 그렇게 생각하게 된 계기가 있을 것 같은데?"

이렇게 질문해 주면 과거에 축구를 하면서 행복했거나 자부심을 느꼈던 순간을 떠올리게 될 것이다. 예를 들어, 이런 문장을 쓸 수 있을 것이다.

'작년에 학교에서 축구 대회를 나간 적이 있는데, 그때 그 대회를 준비하기 위해 너무나 행복하게 연습을 많이 했었다. 결국 그 대회에서 우승하게 되었는데, 그 우승할 때의 기분은 영원히 잊을 수 없을 것 같다.'

[Sample Essay 1]

I felt truly excited watching Son Heung-min, a world-class football star, on TV, as he has had a significant impact on promoting South Korea as a football powerhouse. It made me think that I want to become a football player when I grow up because of three reasons.

First, I think I'm good at playing football. My teacher praised my talent for football. It feels great to practice a lot and win. I remember feeling really good after a game I played last fall.

Second, football is a sport that I can play with just one friend. Playing football together brings us closer. Whenever I meet my friends, I try to play football with them as much as possible. It helps me relieve stress and strengthen our friendship.

Third, I want to become a world-class football player by working hard and being successful. Son Heung-min is my role model, and I get really happy when I see him on TV. If I become a football player in the future, I want to inspire other kids, just like Son Heung-min inspired me.

In conclusion, I want to become a football player when I grow up. Although the path may not be easy, I believe that with hard work, I can become a great football player, even better than Son Heung-min.

[필수 어휘 Focused Vocabulary **]**

	의미 Definition	동의어 Synonym
significant	중요한, 상당한	meaningful, notable
impact	영향을 미치다, 충격을 주다	influence, effect, consequence
relieve	완화시키다, 누그러뜨리다	alleviate, ease, mitigate
strengthen	강화하다, 강조하다	reinforce, enhance, boost
successful	성공적인, 성공한	accomplished, effective, prosperous
inspire	영감을 주다, 고무하다	motivate, encourage, stimulate

[Sample Essay 2]

Have you ever considered what kind of job you will have in the future? When I grow up, I want to work at NASA because I love learning about planets, making Mars rovers, and telling people about NASA's discoveries. Here are some reasons why I want to work at NASA when I'm older.

First of all, I truly like learning about the solar system and all the different planets at NASA. Mars is especially interesting to me, and I want to learn more about its rocks, air, and if there's any life there. Working at NASA would let me learn a lot about space and be part of important research.

Secondly, I want to make my own Mars rover someday. I think rovers are super cool because they can drive around on other planets and take pictures and collect data. I want to help design and build a rover that can explore Mars and send back information that no one has ever seen before. It would be amazing to be part of a team that makes new discoveries.

Lastly, I want to share what NASA discovers with other people. I think it's important to tell everyone about the amazing things we find in space. As part of NASA, I could help share the news about new planets we find or things we learn about the universe. I want to inspire others to be curious about space and learn more about our place in the universe.

In conclusion, I want to work at NASA because I love learning about planets, making Mars rovers, and sharing NASA's discoveries with others. I know it won't be easy, but I'm determined to work hard and follow my dream of working at NASA when I grow up.

[필수 어휘 Focused Vocabulary]

	의미 Definition	동의어 Synonym
solar system	태양계	planetary system
rover	탐사차	exploration vehicle, spacecraft
explore	탐험하다, 조사하다	investigate, discover, search
discovery	발견, 탐사 결과	finding, uncovering, exploration
universe	우주	cosmos
be determined to	~할 결심이다, 단호히 다짐하다	be resolved to, be committed to

[Sample Essay 3]

Most kids love to have their dream job since they are little. In my case, cooking has always been a passion of mine, and I have been fascinated by the culinary arts from a young age. As I have grown older, my love for food has only intensified, and I am now determined to turn my passion into a profession.

Firstly, I want to taste all kinds of food because I love eating unique and delicious food. As a chef, I would have the opportunity to try different cuisines from around the world and learn about various cooking techniques. It would be an exciting adventure for my taste buds and a chance to expand my culinary knowledge.

Secondly, I want to make people taste my unique food creations. As a chef, I would have the creative freedom to experiment with different ingredients and flavors to create dishes that are not only visually appealing but also delicious. I want to see the joy and satisfaction on people's faces when they taste my food and experience the pleasure of good food.

Thirdly, once I become a successful chef, I will be able to share my success and give back to the community. I can use my culinary skills to make a positive impact by cooking for those in need, such as donating food to the less fortunate or volunteering at soup kitchens. It would be fulfilling to use my talent as a chef to make a difference in the lives of others.

In conclusion, I want to become a chef because I love the taste of different foods, want to share my unique creations with others, and have the opportunity to give back to the community. It's a dream that combines my passion for food, creativity, and the desire to make a positive impact. I will work hard to achieve my goal and make my family proud.

[필수 어휘 Focused Vocabulary]

	의미 Definition	동의어 Synonym
passion	열성, 열망	enthusiasm, zeal, ardor, fervor
appealing	매혹적인, 매혹적으로 다가오는	attractive, charming, enticing, alluring
fascinated	매료된, 빠져든	captivated, intrigued, mesmerized
profession	직업, 전문 분야	occupation, career, job
culinary	요리의, 조리의	cooking, gastronomic, epicurean
fulfilling	충족감 있는, 만족스러운	satisfying, rewarding, gratifying, fulfilling

11장
이야기체 글쓰기 Narrative Writing ,
한 번 해볼까?

What if you had a time machine?

만약 너에게 타임머신이 생긴다면?

내가 어릴 때만 해도 황당무계한 공상과학 영화들이 많았던 것 같다. 그래서 "타임머신이 생긴다면?"이라는 뜬금없는 대화를 친구들과 마구 하면서 "~카더라"라는 입증되지 않는 이야기를 하곤 했다. 그런데 요즘 아이들은 타임머신이 현실적으로 개발되기가 불가능하다는 것을 너무나 잘 알고 있다. 그래서 "타임머신을 갖게 된다면?"이라는 주제로 글을 써보라고 하면, 가상의 상황에 대해 이야기해 보는 글을 써보라는 거라고 설명해 주어야 한다.

우선 타임머신을 이용해 시간여행을 하는 것을 상상해 보라고 말해 주어야 한다.

"만약 타임머신을 타고 다른 시대로 갈 수 있다면 어디를 가고 싶니?"

이렇게 말해 주면 아이들의 얼굴에 웃음꽃이 핀다. 막상 어딘가를 간다고 생각하니 신난 모양이다. 그래도 상상의 나래를 펼치는 것이 어려워 보인다면 약간의 힌트를 주면서 시작하는 것이 좋다.

"혹시 미래에 가보는 건 어때? 네가 정말 멋지고 훌륭한 의사 선생님 이 되어 있을까?"

"정말 그렇게 되어 있을지 가보고 싶어요!"

그리고 이런 생각들도 펼칠 것이다.

"아, 그러면 미래의 나의 아이들도 보고 싶어요!"

"아니면 과거로 가서 제 또래 나이의 엄마, 아빠랑 놀고 싶어요!"

"스마트폰을 들고 조선 시대로 가서 사람들한테 보여주면서 돈을 벌고 싶어요!"

그야말로 기상천외한 생각들을 펼칠 것이다. 이렇기에 'What if', 즉 상상의 나래를 펼치며 창의적인 글쓰기Creative Writing를 하는 날이면, 아 이들의 생각이 하늘 위를 훨훨 날아다니는 듯한 기분이 든다. 라이팅을 가르치면서 가장 뿌듯한 순간 중 하나이다.

What if, 라이팅을 가르칠 때에는 "한 번 해봐"라고 말하는 대신 몇 가지 예시를 들어주는 게 좋다. 이렇게 말이다.

"네가 미래에 간다면 기분이 어떨까?"

이때 기분을 나타내는 여러 가지 형용사를 사용하는 것이 매우 좋다.

여기서 잠깐

• 왜 이야기체 글쓰기를 해봐야 할까?

이야기체 글쓰기는 다양한 형태를 가질 수 있다. 이야기체 글에는 단 편소설, 소설, 회고록, 전기 및 시 등이 있다.

이야기체 글쓰기는 독자에게 생생한 경험을 제공하기 위해 주로 묘사적인 언어를 사용한다. 묘사는 어떤 대상이나 사물, 상황 등을 언어로 자세히 서술하는 것인데, 마치 그림을 그리듯이 생생하게 표현하는 서술 방식이다. 종종 인물을 생생하게 묘사할 때에는 대화문을 사용하기도 한다.

이야기체 글쓰기는 세 가지 장점이 있다.

첫째, 창의적 사고와 상상력을 향상시킨다. 이러한 글쓰기는 자유로운 상상력을 발휘해 이야기를 만들고, 다양한 생각과 아이디어를 표현하는 것을 돕는다. 그동안 해보지 못했던 상상력을 총동원하여 평소에 하지 못했던 이야기를 써보는 것이다.

둘째, 아이들의 언어 및 문장 구성 능력을 향상시키는 데 도움이 된다. 이러한 글쓰기는 아이들에게 문장 구성, 단락 구성, 철자 및 문법 등의 다양한 글쓰기 요소를 배울 수 있는 기회를 제공한다. 머릿속에 숨어 있는 기발한 상상력을 적절한 단어와 문법 혹은 구문을 다양하게 활용하는 훈련을 통해 언어 및 문장 구성 능력이 향상된다.

셋째, 아이들의 자아 개발에 도움이 된다. 이러한 글쓰기는 자신의 생각, 감정, 경험 등을 나타내고, 이를 탐구하며 이해하는 것을 돕는다. 이러한 글쓰기를 통해 아이들은 자신의 내면을 탐구하고 자신의 경험을 토대로 성장하는 데 도움이 된다.

(1) 주제 topic : What if you had a time machine? 만약 너에게 타임머신이 생긴다면?

I want to time travel. 나는 시간여행을 하고 싶다.

(2) 중심 생각 main idea : 3 ideas Brainstorming 3가지 이상의 아이디어를 브레인스토밍하기

어릴 때의 나를 만나고 싶다.

어린 시절의 엄마, 아빠를 만나고 싶다.

조선 시대로 가보고 싶다.

미래로 가서 평생 안 아픈 약을 가져올 것이다.

어린 나에게 맛있는 우유를 먹여주고 싶다.

가족들과 평생 같이 살 수 있는 방법을 찾아내고 말 것이다.

미래의 내 모습을 보고 싶다.

미래의 내 아이들을 보고 싶다.

미래에 엄마, 아빠가 건강한지 살펴볼 것 같다.

(3) 이 아이디어들을 세 개의 카테고리에 맞게 묶기

Travel to Past 과거 여행	Travel to Future 미래 여행	Meeting Myself 나와 만나기
어린 시절의 엄마, 아빠를 만나고 싶다.	미래로 가서 평생 안 아픈 약을 가져올 것이다.	어릴 때의 나를 만나고 싶다.
어린 나에게 맛있는 우유를 먹여주고 싶다.	가족들과 평생 같이 살 수 있는 방법을 찾아내고 말 것이다.	미래의 내 모습을 보고 싶다.
	미래에 엄마, 아빠가 건강한지 살펴볼 것 같다.	미래의 내 아이들을 보고 싶다.

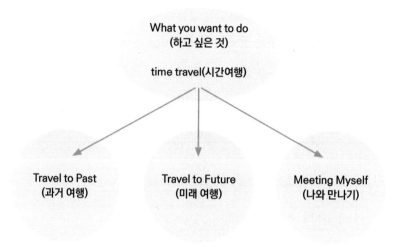

(4) 중심 생각 main idea 의 특징에 대해 서술하기

첫 번째 단락 paragraph: '왜 과거로 가고 싶을까?'에 대해 서술하기

지금 알고 있는 것을 과거에 있는 사람들은 모르니까

아이들의 시선으로는 타임머신이 생겨서 과거로 여행을 하게 되면 거의 대부분 자신이나 자신의 친구, 가족을 만나러 가려는 경향이 있다. 내 주위의 사람들, 가족이나 친구의 어린 시절 모습에 대해 궁금해하고, 어린 시절의 엄마, 아빠와 만나고 싶다고 하는 아이들이 매우 많다. 그런데 특이하게도 조선 시대로 가고 싶다고 말한 아이가 있었다.

"아니, 왜 조선 시대로 가고 싶니?"

"지금 우리가 사용하고 있는 신기한 물건을 그 사람들은 잘 모르니까요. 그럼 내가 스마트폰이나 TV 등을 가져가면 엄청 좋아하고 신기해할 것 같아요."

"우아, 그거 엄청 멋진 생각이다! 그럼 가지고만 갈 거야?"

이 아이가 단순히 가지고 가는 것에만 사고가 멈춰 있는 것 같아서 슬쩍 떠보았다.

"아니요. 조선 시대 사람들이 쓰는 물건도 가져올 거예요. 그래서 현재에 와서 박물관을 세우면, 현재 사람들이 나를 존경하고 우러러볼 것 같아요."

이처럼 질문은 위대한 생각을 낳는다.

"너는 라이팅 천재가 분명해!"

이렇게 칭찬까지 곁들여주면 아이의 사고력과 상상력은 무럭무럭 피어오른다. 상상의 나래를 펼쳐보게 하면, 풍요로운 생각과 문장이 쏟아져 나오게 된다.

⑸ 중심 생각의 특징에 대한 이유와 예시 서술하기

'조선 시대로 가보고 싶다'고 쓰는 것은 그리 어려운 것은 아니다. 하지만 '조선 시대로 가서 무엇을 할 것인지 그리고 거기서 현재로 돌아왔을 때 어떻게 할 것인지'에 대해 쓰는 것은 그리 쉬운 일은 아니다. 그러기 위해서는 단락의 중심 생각을 글의 흐름에 맞게 시작하고 마치는 것이 매우 중요하다.

"조선 시대로 가게 되면 어떤 것을 가져가고 싶어? 그리고 다녀오면 사람들에게 무엇을 보여주면 좋을까? 조선 시대에서 무언가를 들고 현재로 돌아온 후에도 어떤 특별하고도 하나뿐인 경험을 가져오는 것은 어떨까?"

이렇게 일련의 상황이나 사건이 연속되도록 시퀀스 sequence 를 유도하는 것이 바람직하다. 예를 들어, 조선 시대 사람들에게 스마트폰의 어떤 기능을 보여줄지를 자세하게detail 이야기해 본다면, 그것이 바로 이야기체 글쓰기에서 가장 중요한 묘사를 하게 되는 것이다. 마찬가지로 다시 현재로 돌아와서 조선 시대에서 가져온 어떤 물건에 대해 보여주자 사람들이 나에게 보이는 반응을 구체적으로 묘사하면 더욱 좋은 글이 될 것이다.

[Sample Essay 1]

Have you ever considered having a time machine? In case I had one, I would want to visit three different time periods: 50 years later, the past, and 100 years later.

Firstly, I would like to travel 50 years into the future to see myself at 61 years old. It would be fascinating to see how people are living and what new discoveries have been made. I would love to interact with robots that look and behave like humans, and perhaps even test out a flying car!

Secondly, bringing current objects to the past would be amazing because bringing current objects with me, such as a smartphone, would surely make me a popular person in the past. It would be interesting to see how people reacted to modern technology and how different their lives were. Perhaps I could even witness some historical events that have always fascinated me.

Finally, I would bring many objects from the future because it would be incredible to use future technology. For instance, I could bring a robot that can transform into other things like a car. Additionally, I would love to share futuristic food with my family.

In conclusion, having a time machine would be an incredible privilege. Traveling to different time periods would allow me to learn more about the world, history, and myself. Whether it's exploring the future, experiencing the past, or marveling at present technology, the possibilities are endless.

[필수 어휘 Focused Vocabulary]

	의미 Definition	동의어 Synonym
fascinating	매혹적인, 끌리는	interesting, alluring, enchanting
interact	상호작용하다, 소통하다	communicate, engage, collaborate, connect
modern technology	현대 기술	high-tech, advanced technology
witness	목격하다, 증거가 되다	observe, see, watch, view, perceive
transform	변형시키다, 변모시키다	change, convert, metamorphose, alter
privilege	특권, 특혜	advantage, benefit, favor, right

대치동 초등영어 글쓰기

[Sample Essay 2]

Have you ever considered fake time travel? If I had the opportunity, I would use it three times, such as colleting old items of the past, buying cheap stocks, and bring moral medicine for my family and friends.

Firstly, I would travel to ancient times to collect items that are not used nowadays. For example, I could bring back coins or a vintage comb. I could sell them and make a profit.

Secondly, I would go back in time and invest in low-priced stocks. Then, when I return to the present, I would become wealthy. Additionally, I could buy gifts for my parents and teachers on their special days.

Thirdly, I would bring back medicine that could improve the lives of my family and friends. Sometimes I think of people I knew who passed away in the past and it makes me cry. If time travel were real, I could visit them and cry for as long and as loudly as I needed to. This is just a fantasy, though.

In conclusion, if I had a time machine, I would like to travel to different eras. I would love to have a time machine if it were possible.

	의미 Definition	동의어 Synonym
opportunity	기회, 가능성	chance, possibility, prospect
moral	도덕적인, 윤리적인	ethical, virtuous, righteous
stock	주식	share, equity, investment
wealthy	부유한, 재산이 많은	affluent, rich, prosperous
fantasy	환상, 공상	imagination, daydream, reverie
era	시대, 역사적 시기	age, period, epoch

[Sample Essay 3]

Have you ever considered time travel? If I had a time machine, I would like to explore three different time periods. Firstly, I want to travel to the past when I was younger. Secondly, I want to see how my parents were in the past. Lastly, I want to go back in time to play with my younger self. Here are the detailed things that I would like to do with the time machine below.

Firstly, I want to travel to the past to see how cute and innocent I was. I strongly believe that I was sweet, a good listener, and kind. For instance, I want to play with my favorite childhood toy and relive happy memories.

Secondly, I would like to see how my parents were in the past. It would be interesting to learn about their childhood and how they became the parents they are today. However,

I do not intend to change them, but rather to understand them better.

Lastly, I would like to travel to the past to play with my younger self. Playing with my friends is not as enjoyable as it used to be, and I miss the simplicity and joy of childhood. I want to relive those moments and do things I used to love but cannot do anymore.

In conclusion, if I had a time machine, I would like to explore three different timelines. Firstly, I want to see how cute and innocent I was in the past. Secondly, I want to understand my parents better by seeing how they were in the past. Lastly, I want to go back in time to play with my younger self and relive happy memories. I hope to have the opportunity to use a time machine in real life!

[필수 어휘 Focused Vocabulary]

	의미 Definition	동의어 Synonym
innocent	순진한, 결백한	pure, unspoiled, naive
childhood	어린 시절, 유년기	youth, infancy, early life
intend	의도하다, 계획하다	plan, aim, purpose, design, mean
enjoyable	즐거운, 즐길 만한	pleasant, delightful, satisfying,
simplicity	간단함, 단순함	plainness, clarity, ease,
timelines	시간 순서, 타임라인	sequence, schedule, timetable

12장
주장하는 글쓰기 Opinion Writing,
한 번 해볼까?

Which one is better, being a kid or a grown-up?

아이가 되는 것과 어른이 되는 것 중 어느 것이 더 좋을까?

나는 어린 시절에 '빅 Big'이라는 영화를 보았다. 1988년에 개봉한 페니 마샬 감독, 톰 행크스 주연의 이 미국 영화는 한국에서는 1989년에 개봉했다. 1,800만 달러로 제작한 이 영화는 북미에서 1억 1,400만 달러, 전 세계적으로 1억 5,100만 달러 이상을 벌어들였다. 이 영화는 개구쟁이 소년이 하룻밤 사이에 어른이 되어버린 후 겪는 좌충우돌을 그려냈다.

이 영화에서는 어린아이가 어른이 되어 어린아이의 동심과 창의력으로 장난감 회사에서 승승장구한다. 이 영화를 다시 보면서 어른은 아이가 되고 싶어 하고, 아이는 어른이 되고 싶어 한다는 생각이 들었다. 아이는 어른이 되면 자유롭게 행동하고, 자신만의 결정을 내릴 수 있다고 생각할 수 있기 때문이다. 아이들은 어른이 되면 다양한 권한과 자율성을 지니게 될 거라고 생각한다. 예를 들어, 자신의 시간과 활동을 자유롭게 조절하고, 스스로 결정을 내릴 수 있는 어른의 지위를 갖게 되면 어떤 일이든 맘대로 할 수 있다고 생각하기 때문이다.

오늘은 'Which one is better, being a kid or a grown-up?아이가 되는 것과 어른이 되는 것 중 어느 것이 더 좋을까?'를 주제로 글쓰기를 해볼까? 하고 이야기하면 아이들이 순간 큰 고민에 빠진다. 그리고 얼굴에 미소가 번지는 친구들도 있다. 재미있는 상상을 하니 즐거운가 보다.

"내가 어른이 되면 맘대로 게임도 할 수 있고, 유튜브도 볼 수 있어서 좋아요. 빨리 어른이 되고 싶어요!"

이렇게 말하는 아이에게 반대로 어른이 되면 안 좋은 점은 무엇이 있는지 질문하면 묵묵부답인 경우가 많다. 사실 어른이 되고 싶긴 하지만 옆에서 가만히 지켜보면 어른의 삶이 고달픈 것 같아 보이나 보다. "사실 아이로 계속 남고 싶습니다"라고 대답하는 아이도 종종 있다.

이 주제의 수업이 재미있는 이유는, 아이들마다 아이로 남고 싶은 이유가 너무나 기발하고 각양각색이기 때문이다. 어떤 아이는 아이이기 때문에 하루 종일 학원에 다녀야 하지만 그 돈을 벌기 위해 일하는 아빠의 삶이 더 바쁘고 힘들 것 같다는 기특한 생각을 말했다. 또 다른 아이는 아이이기 때문에 어딜 가더라도 상대적으로 음식값이나 입장료 등이 싸서 좋다고 기발한 생각을 말했다. 좀 씁쓸하긴 하지만 부모님의 생활을 지켜보면 힘들어 보이기 때문에 아이로 남고 싶다는 아이들이 대부분이다. 아이들은 주변 어른들을 보고 역할 모델을 형성한다. 그래서 어른들의 행동과 역할에 대한 인식이 아이들에게 영향을 미치며, 그들은 나중에 어른이 되었을 때 그와 같은 행동과 역할을 해야 한다고 생각하는 것 같다.

여기서 잠깐!

• 브레인스토밍을 하는데 생각이 막힌다면, 어떻게 해야 할까?

그림이나 이미지 활용: 그림이나 이미지를 활용하여 아이들의 상상력을 자극하고 아이디어를 도출할 수 있다. 주제와 관련된 그림이나 이미지를 제공하거나, 아이들에게 스스로 그림이나 이미지를 그려보도록 유도해 보자. 그러면 아이들은 시각적인 자극을 받고 더 많은 아이디어를 생각 해낼 수 있다.

자유롭게 아이디어 기록: 아이들에게 머릿속에 떠오르는 모든 아이디어를 자유롭게 기록할 수 있는 시간을 주는 것이 도움이 될 수 있다. 이때는 아이들에게 아이디어를 평가하지 않겠다는 자유로운 환경을 제공하여, 자유롭게 다양한 아이디어를 기록하도록 해야 한다. 그런 다음 이 아이디어들을 다시 돌아보며 부모님이나 선생님과 이야기의 폭을 넓혀 가면서 더 구체화하고 발전시킬 수 있다.

그룹 활동: 아이들을 작은 그룹으로 나누어 함께 아이디어를 공유하는 활동을 진행하는 것도 좋은 방법이다. 다양한 관점과 아이디어를 공유하면서 아이들끼리 서로 영감을 주고받을 수 있다.

다양한 자극 제공: 다양한 매체나 자료를 활용하여 아이들의 창의성을 자극할 수 있다. 예를 들어, 동영상, 음악, 시, 소설, 사진 등 다양한 자료를 제공하여 아이들이 다양한 자극을 받고 아이디어를 도출할 수 있도록 도울 수 있다.

(1) 주제 topic : Which one is better, being a kid or a grown-up? 아이가 되는 것
과 어른이 되는 것 중 어느 것이 더 좋을까?

Being a kid 아이가 되는 것

(2) 중심 생각 main idea : 3 ideas Brainstorming 3가지 이상의 아이디어를 브레인스토밍
하기

일을 안 해도 되니까

친구들과 매일 놀고 싶으니까

어디를 가도 싸게 살 수 있으니까

돈을 안 벌어도 되니까

스트레스를 덜 받으니까

여유롭게 하고 싶은 것을 할 수 있으니까

좋아하는 그림을 그리거나 책을 읽을 수 있으니까

어른들보다 상상력을 많이 발휘할 수 있으니까

산타할아버지한테 선물을 받을 수 있으니까

(3) 이 아이디어들을 세 개의 카테고리에 맞게 묶기

No need to worry 걱정할 필요가 없다	Less stress 스트레스가 적다	Amazing Imagination 동심이 있다
일을 안 해도 되니까	돈을 안 벌어도 되니까	친구들과 매일 놀고 싶으니까
어디를 가도 싸게 살 수 있으니까	스트레스를 덜 받으니까	어른들보다 상상력을 많이 발휘할 수 있으니까
여유롭게 하고 싶은 것을 할 수 있으니까	좋아하는 그림을 그리거나 책을 읽을 수 있으니까	산타할아버지한테 선물을 받을 수 있으니까

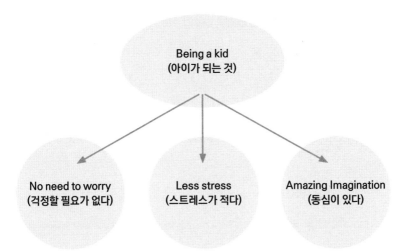

(4) 중심 생각 main idea 의 특징에 대해 서술하기

첫 번째 단락 paragraph : '스트레스가 적다'에 대해 서술하기

부모님들은 항상 책임감 때문에 스트레스가 많으시니까

아이들에게 "그렇다면 아이들은 어떤 점에서 어른들보다 훨씬 더 행복할까?"라고 질문하면 자신의 주장을 마음껏 펼칠 수 있을 것이다.

(5) 중심 생각의 특징에 대한 이유와 예시 서술하기

"그럼, 왜 굳이 어린아이가 어른들보다 스트레스가 적다고 생각하니?"

"어른들은 하고 싶은 놀이를 하루 종일 할 수 없지만 우리는 숙제만 끝나면 놀 수 있어요!"

"그럼 뭐하고 놀고 싶니?"

"친구들과 하루 종일 모래성 쌓기도 하고 싶고, 축구도 하고 싶어요. 그런데 그런 놀이를 엄마나 아빠가 하루 종일 하는 걸 본 적이 없어요. 하지만 나는 어린아이라서 이런 것들을 맘껏 하고 놀 수 있으니 기분이 좋아요."

이렇게 아이가 말한 것들을 글로 쓰면 다음과 같을 것이다.

'아이로 살면 어른들이 걱정해야 하는 책임들을 신경 쓸 필요가 없다. 어른들은 매일 우리를 책임져 주느라 스트레스가 이만저만 아니다. 우리는 해야 할 일들만 하면 마음껏 놀고 즐길 수 있다. 모래성을 짓는 데 시간을 보내거나, 친구들과 축구를 해도 된다! 따라서 아이가 되는 것이 더 좋다.'

[Sample Essay 1]

Being a kid is awesome! Kids get to play, learn, and have fun without worrying about grown-up stuff. Some people might think that becoming an adult is the only way to go, but I believe that staying a kid forever can actually be better. In this essay, I will tell you why being a kid for life is so cool!

First of all, kids don't have to worry about grown-up responsibilities. Adults have to go to work, pay bills, and do lots of serious stuff. But kids? We get to play and have fun all day! We can spend hours building sandcastles, playing tag, or just exploring the world around us. We don't have to stress about work deadlines or paying bills. Life is much simpler and carefree when you're a kid!

Another great thing about being a kid forever is that we don't have to deal with grown-up stress. Adults get stressed about lots of things, like work, money, and relationships. But kids can just enjoy life without all that pressure. We can focus on what we love to do, like drawing, playing sports, or reading our favorite books. We don't have to worry about meeting other people's expectations or dealing with complex problems. Life is more relaxed and fun when you're a kid!

Kids also have the most amazing imaginations! We can dream up all sorts of magical worlds and go on incredible adventures in our minds. We can pretend to be pirates, princesses, or superheroes. We can create our own stories and let our imaginations run wild. As we grow up, we sometimes lose touch with our imagination and creativity. But if we stay kids forever, we can keep that spark alive and continue to dream big!

In conclusion, being a kid forever has many advantages. We get to enjoy the freedom from responsibilities, have a carefree lifestyle, and let our imaginations soar. While growing up is a part of life, embracing the qualities of childhood can bring joy, wonder, and happiness to our lives, no matter how old we are. So, let's cherish our inner child and remember that being a kid forever can be truly amazing!

[필수 어휘 Focused Vocabulary]

	의미 Definition	동의어 Synonym
responsibility	책임	duty, obligation, accountability
carefree	걱정 없는, 자유로운	lighthearted, relaxed, easygoing
deal with	다루다, 처리하다	handle, manage, tackle
relationship	관계, 인간관계	connection, bond, association
imagination	상상력	creativity, fancy, invention
cherish	소중히 여기다, 아끼다	treasure, value, appreciate

[Sample Essay 2]

Most kids would love to stay little. So do I. I love playing games, exploring new things, and using my imagination to create adventures. Sometimes, I think about what it would be like to grow up, but I realize that I actually like being a kid better. There are several reasons why I prefer staying as a kid instead of growing up.

First and foremost, I can play without any worries. As a kid, I can run, jump, and play all day long without feeling tired. I can play with my friends, ride my bike, and go on adventures in my backyard. I don't have to worry about adult responsibilities like bills, work, or chores. I can just have fun and enjoy my childhood!

In addition, I have more time to play and learn. As a kid, I have the opportunity to explore and learn new things every day. I can read books, draw pictures, build with blocks, and learn new skills like riding a skateboard or playing piano. I can also ask lots of questions and learn from my parents and teachers. I don't want to grow up too fast!

Lastly, I can imagine whatever I want to create amazing adventures. As a kid, I can pretend to be a superhero, an astronaut, or a magical princess. I can create my own stories and use my imagination to turn ordinary things into special adventures. I love using it to create my own world of wonder and excitement.

To wrap up, I really enjoy being a kid and I don't want to grow up too quickly. I love playing, learning, and using my imagination to create amazing adventures. Being a kid is a special time in my life, and I want to cherish every moment of it. I'm grateful for the joy and freedom that comes with being a kid, and I want to make the most out of my childhood before growing up.

	의미 Definition	동의어 Synonym
first and foremost	가장 중요한 것은	primarily, mainly, chiefly, principally
adventures	모험, 모험적인 경험	exploits, quests, journeys, expeditions
in addition	게다가, 더욱이	furthermore, moreover, additionally, also, as well
adventure	모험	hazard, risk, exploration, undertaking
pretend	가장하다, ~인 체하다	imagine, simulate, feign, act, fake
ordinary	보통의, 평범한	average, mundane, normal, routine

[Sample Essay 3]

I love being little! Everything is so new and exciting. I get to play and have fun all time. Being little is the best.

First, I can play with all my toys! I have a lot of toys like cars, dolls, and blocks. I can build towers and knock them down. I can make my toys talk and have adventures. Playing with my toys makes me really happy!

Second, I can explore the world around me. I can go outside and see nature, such as flowers, trees, and bugs. I can touch and feel things with my hands. I can play in the sand and hang out with my friends all day long. There's so much to see and do!

Lastly, I can spend time with my family. I love being with my mommy, daddy, and siblings. We can read books together, sing songs, and play games. My family makes me feel safe and loved, and I enjoy spending time with them.

In conclusion, being little is so much fun! I love playing with my toys, exploring the world, and spending time with my family. I don't want to grow up too fast because being little is special. I want to enjoy every moment of my childhood and have lots of fun!

[필수 어휘 Focused Vocabulary]

	의미 Definition	동의어 Synonym
exciting	흥미로운, 떨리는, 설레는	thrilling, exhilarating, stimulating
nature	자연, 천연, 본성	environment, wilderness
sibling	형제, 자매	brother or sister,
special	특별한, 독특한, 특수한	unique, exceptional, distinctive
moment	순간, 때, 시점	instant, occasion
childhood	어린 시절, 유년기	youth, adolescence,

대치동 초등영어 글쓰기

13장
창의적인 글쓰기 Creative Writing,
한 번 해볼까?

창의적인 글쓰기, 자칫하면 엉망진창이 되니 구성에 신경 써야

창의적인 글쓰기는 아이들이 가장 좋아하는 글이면서도 가장 어려워하는 글이다. 창작의 능력을 맘껏 발휘할 수 있어서 아이들이 좋아하긴 하는데, "중구난방으로 생각의 흐름대로 글을 쓰지 말고 글의 구성에도 신경 써서 써야 한다"고 말해 주면 많은 아이들이 어려워한다. 또 가르치는 사람 입장에서도 아이들이 쓴 이런 글을 고칠 때가 가장 난감하다.

사실 대치동에서 영어 글쓰기 수업을 받는 아이들의 에세이 글 대부분은 구성이나 형식이 정형화되어 있다. 대치동 아이들은 대부분 에세이를 5문단으로 쓰는데, 5문단의 글은 앞에서 소개한 글쓰기 방식을 익히면 얼마든지 써낼 수 있다. 그러나 창의적인 글쓰기는 아이의 사고력이 여실히 드러나는 글이기 때문에 이 아이의 "찐" 글을 볼 수 있는 것이 큰 장점이다. 여러 아이들을 가르쳐본 나는 창의적인 글을 잘 쓰는 아이들이 글쓰기에 강하다는 것을 깨닫게 되었다. 2025 개정교육과정 이후 창의력이 중요진 점을 고려하면 앞으로 창의적인 글쓰기가 더욱 중요해질 것이다.

5문단의 글을 잘 써내는 아이들이라고 해서 창의적인 글쓰기를 잘하는 건 아니다. 또 창의적인 글쓰기를 잘하는 아이라고 해서 정형화된 5문단짜리 에세이를 잘 쓰는 건 아니다. 창의적인 글쓰기를 잘하는 아이들은 집에서 조잘조잘 이야기도 많이 하고, 동화책을 읽으면서도 혼자만의 상상을 잘 펼친다.

창의적인 글쓰기는 사실적인 사건에 근거하지 않고 글쓴이가 원하는 주제에 대해 마음껏 글을 쓰는 것이다. 다른 종류의 글쓰기는 종종 독자에게 사실과 정보를 전달하지만, 창의적인 글쓰기는 글쓴이의 감성과 상상력이 생생히 발휘된다. 창의적인 글쓰기는 자신을 마음껏 표현하는 글쓰기이다. 부모님이나 선생님은 아이들이 창의력을 마음껏 발휘할 수 있도록 칭찬과 격려를 해주고, 제약 없이 생각을 펼칠 수 있는 환경을 만들어주는 것이 가장 중요하다.

매일 우리 주위에서 일어나는 상황들이나 일련의 사건들을 관찰하고, 그 내용에 기반하여 상상력을 발휘하여 세상에 없는 하나뿐인 글을 써내는 것이 창의적인 글쓰기이다. 자녀의 글쓰기 학년 수준을 향상시키고자 한다면, 자녀가 창의적으로 글을 쓸 수 있도록 독려하는 것이 바람직하다.

그럼에도 불구하고 창의적인 글쓰기는 중구난방으로 생각의 흐름대로 글을 쓰면 곤란하니, 다음과 같이 글의 구성에도 신경 쓰는 것이 좋다.

여기서 잠깐

• 창의적인 글쓰기의 구성

1. 소개 Introduction: 글의 시작 부분으로, 독자의 관심을 끌고 글의 주제나 배경을 소개한다. 흥미로운 첫 문장, 질문 또는 명언 등을 활용하여 독자의 호기심을 자극할 수 있다. 이 부분에서는 등장인물, 장소, 시간 등을 명시해 줘야 한다.

2. 본론 Body: 글의 중심 부분으로, 아이디어나 주제를 자세히 발전시킨다. 각각의 아이디어나 주제를 적절한 단락으로 구성하고, 논리적인 흐름을 유지하여 글을 풍부하게 표현한다. 예를 들어, 등장인물들에 대한 배경설명을 해주는 것이 좋다. 상어 shark가 물고기 fish를 먹지 못해 일어나는 양상들을 자세하게 풀어내는 부분이다.

3. 클라이맥스 Climax: 글의 전개와 긴밀하게 연결된 부분으로, 글의 고조점 또는 전환점이다. 글의 긴장을 고조시키거나 놀라운 사실을 소개하거나 전환을 통해 독자의 관심을 끌 수 있다. 상어 shark가 물고기 fish를 먹지 못해 생기는 일들, 그래서 고통받는 갈등을 클라이맥스로 써줘야 한다. 이 부분이 잘 소개되어야 뒤에서 갈등이 해결되는 스토리가 더욱 재미있어진다.

4. 해결 Resolution: 글의 끝부분으로, 주제나 아이디어에 대한 결론이나 해결책을 제시한다. 글의 요지를 간결하게 정리하고, 독자에게 글을 마무리하는 느낌을 전달할 수 있다. 그래서 결국 어떠한 방법으로 상어 shark가 문제를 해결했는지. 이 문제해결 방법은 그냥 저절로 일어난 해결책이 아니라 등장인물들의 노력이나 착한 행동들이 모여 가능해지게 되었다고 설명하는 것이 가장 적절하다.

5. 결론 Conclusion: 글의 마지막 부분으로, 독자에게 글의 주요 내용을 강조하고 글을 마무리한다. 감동적인 마무리 또는 질문 등을 통해 독자의 가슴에 여운을 남길 수 있다.

What if a shark couldn't eat fish?

상어가 물고기를 먹지 못한다면?

우리 학원은 영어 글쓰기의 주제를 따로 정해 놓지는 않는다. 그 이유는 라이팅 수업의 특징 때문이다. 그날그날의 아이들의 상태 혹은 현재 아이들의 관심사에 따라 주제와 학습 내용을 달리하기 때문이다. 비록 영어 글쓰기를 잘하는 방법을 가르치고 있기는 하지만 그래야 아이들끼리 서로 고민하고 의논하는 폭이 넓어지기 때문이다. 그래야 천편일률적인 글쓰기에서 벗어나 창의적이고 좋은 글을 쓸 수 있기 때문이다.

사실 리딩이나 문법 등은 정확한 커리큘럼을 통해 정해진 시간 내에 끝마치는 것이 좋다. 그러나 라이팅은 커리큘럼을 정하면 오히려 독이 된다. 틀에 박힌 방식으로 글을 쓰게 하면 아이들의 글은 문법적으로는 훌륭하지만 내용 면에서는 그다지 좋은 글로 평가받기 힘들다. 내가 앞에서 소개한 글쓰기의 방식은 글쓰기의 기초를 쌓는 데 필요한 기본 도구일 뿐이지, 더 좋은 글을 쓰기 위해서는 글쓴이의 기발한 상상력과 사고력이 필요하고, 글쓴이만의 개성도 충분히 담아내야 한다. 초등학생에서 중학생 그리고 고등학생이 될수록 영어 글쓰기에서 좋은 점수를 받기 위해서는 천편일률적인 글쓰기에서 벗어나야 한다.

사실 아이들에게 약간의 자유를 제공하면 훨씬 능동적으로 주제를 파악하려 하고 브레인스토밍에 참여한다. 소위 말하는 자기주도적 글쓰기가 가능해지는 것이다. 우리 학원에서는 친구들과 어떤 주제로 이야기를 하면 더 시너지가 생기고, 풍부한 이야깃거리가 나올지 논의를 하고 수업을 시작한다.

'오늘 아이들 기분이 꽤 좋은데? 그럼 한번 엉뚱한 주제로 상상의 나래를 펼치도록 해줄까?'

이렇게 생각해 보고, 어느 날 아이들에게 오늘의 주제에 대해 말했다.

"얘들아! 오늘은 What if a shark couldn't eat fish? 상어가 한 마리 있는데 물고기를 먹지 못한다네? 오늘은 이 주제로 브레인스토밍을 하고 글쓰기를 하는 건 어떨까?"

이렇게 이야기하자 아이들의 첫 반응은 "에이, 세상에 그런 상어가 어디 있어요?"였다. 한쪽에서는 이미 깔깔거리기 시작하고, "세상에……. 물고기를 못 먹는 상어라니! 되게 웃긴다!"라고 말하는 아이도 있었다.

어린 친구들일수록 이런 주제를 재미있어 한다. 왜 그럴까? 아이들은 분명히 학교에서 상어는 물고기를 먹고산다는 것을 배웠다. 이런 과학적

지식을 배운 아이들에게는 "상어가 물고기를 먹지 못한다"는 말이 허무맹랑하게 들릴 것이다. 아이들은 자신이 알던 것과 다른 사실에 대해 흥미를 느끼는 경향이 있다. '참 재미나네! 내 과학 지식에 반기를 드는 이야기네!'라고 생각하며 관심을 갖게 된다.

그런데 과학에 약한 문과적 성향이거나 상상력을 펼치는 것을 힘들어하는 아이들의 경우 그때부터 얼굴에 고민거리가 가득하다. '왜 상어가 물고기를 먹지 않는 것일까?' 하고 오로지 정답만을 생각해내기 때문이다. 이렇게 아이들이 왁자지껄 다양한 리액션을 보이자 이 주제라면 아이들이 더 재미있게 집중하면서 자신의 생각을 펼치겠구나 싶어서 수업을 시작했다.

우선, 아이들에게 "왜 상어가 물고기를 먹지 못할까?"에 대해 질문했다.

한 아이가 말했다.

"물고기에 알레르기가 있나 보죠?"

나도 모르게 '푸하하하~' 웃음이 터져 나왔다. 어른들은 할 수 없는 아이들만의 생각이라고 생각했고, 아이들의 호기심과 창작력이 크게 자극되는 순간이었다.

또 다른 여자아이가 말했다.

"아니요. 다이어트를 하고 싶어서 물고기를 안 먹는 거예요."

아이들의 상상력이 날개를 달며 저 하늘 위로 훨훨 날아오르고 있었다.

아이들과 똑같은 주제로 수업을 진행하더라도 교실마다 아이들의 창의적인 아이디어들이 꼬리에 꼬리를 물고 발휘된다. 매우 신기한 일이다. 라이팅 수업은 옆에서 특이한 아이디어로 자극을 주는 친구가 있으면, 자신의 창작력을 일깨워줄 수도 있다.

그런데 여기서 주의해야 할 점이 있다. 아이들의 상상력을 자극해야 하는 창의적인 글쓰기와 관련된 주제는 논픽션nonfiction으로 방향을 잡아주면 안 된다. 예를 들어, "상어가 물고기를 안 먹게 되면 생태계에 어떤 영향을 미치게 될까?"라는 주제를 제시해 주면 과학적이고 사실적으로 생각하게 되므로 창의적인 글쓰기에 방해가 된다. 이러한 프레임을 잡게 되면 상상력을 충분히 발휘해야 하는 창의적인 글쓰기와 동떨어진 글이 나오게 될 가능성이 크다. 불편하지만 현실적으로 이해 불가능한 상상을 해보는 것, 그것이 상상의 나래를 개성 있게 펼치는 열쇠가 될 것이다.

여기서 잠깐!

•글쓰기에서 왜 배경지식이 필요할까?

영어를 가르치는 학원마다 다른 철학과 교육방식을 가지고 있다. 어떤 학원은 "정확하게 문법을 구사해야 하며, 창의적인 글쓰기도 무조건 글의 특징과 형식에 맞게, 즉 창의적인 생각이 가득한 이야기를 써야 한다"라고 가르친다. 그러나 초등학생 아이들은 아직 사고력이 단단해지지 않은 시기이기에, 무턱대고 창의력을 발휘하라고 요구한다면 오히려 독이 된다고 나는 생각한다. 창의적인 생각을 하려면 우선은 현실의 문제들에 대한 고민이 어느 정도 필요하다. 그러한 고민을 하면 현실의 문제를 해결하는 기발하고 창의적인 생각을 낳기 때문이다.

현실에서 어떤 문제들이 벌어지고 있는지를 알려면 배경지식이 어느 정도 필요하고, 배경지식은 독서를 통해 기를 수 있다. 그래서 나는 평소에 아이들에게 독서를 강조한다. 좋은 책을 많이 읽은 사람이 좋은 글을 쓸 수 있듯이, 다양한 배경지식을 쌓기 위해 한국어로 된 문학과 비문학 책들을 읽을 것을 권하고, 영어 글쓰기를 잘하기 위해서는 좋은 영어 원서를 읽으라고 말해 준다. 영어를 배우는 이유는 단지 어학적 능력을 키우면서 입시에서 높은 점수를 받는 데 있지는 않을 것이다. 더 넓은 세상에서 자신의 꿈을 펼치기 위해서는 글로벌 의사소통 언어인 영어가 중요하다.

글쓰기에서 배경지식이 필요한 이유

주제 이해: 어린아이들이 글을 쓰기 위해서는 주제에 대한 이해가 필요하다. 예를 들어, 상어에 대한 글을 쓰기 위해서는 어느 정도 상어에 대한 지식이 필요하다. 상어의 특성이나 크기 혹은 생태계ecosystem에서의 위치 등을 안다면 글을 쓰는 데 도움이 된다.

단어 선택: 배경지식이 없으면 적절한 단어를 선택하기 어렵다. 예를 들어, 사슴에 대한 글을 쓴다면 사슴의 특징이나 습성, 서식지 등을 알고 있다면 적절한 단어를 선택할 수 있다. 이를테면, '수컷 사슴은 암컷 사슴과 생김새가 다르다'라는 문장보다 '수컷 사슴은 암컷 사슴과 달리 뿔이 자라난다'라는 문장이 더 적절하다.

문맥 파악: 글쓰기는 단순히 단어를 나열하는 것이 아니라 문맥 속에서 적절한 단어를 효과적으로 사용해야 한다. 배경지식이 없으면 글을 일관성 없이 쓸 수 있다. 예를 들어, 지구 온난화에 대한 글을 쓴다면 지구 온난화의 원인과 영향, 해결방안 등에 대한 배경지식이 필요하다. 이

를 통해 글을 일관성 있게 쓸 수 있는 뚝심! 즉 자신만의 문맥을 풀어나가는 힘이 생긴다.

창의성: 배경지식은 창의적인 글쓰기에도 도움이 된다. 예를 들어, 우주여행에 대한 글을 쓴다면 우주와 관련된 지식이 어느 정도 필요하다. 공상과학 소설을 쓰는 작가도 우주에 대한 배경지식이 있어야 하고, 알고 있는 지식을 기반으로 창의적인 아이디어를 생각해낼 수 있다.

읽기 능력 향상: 배경지식이 있는 학생은 읽기 능력이 향상될 가능성이 높다. 예를 들어, 역사나 과학 등에 관심을 가지고 지식을 쌓으면, 관련된 글을 읽는 데 능숙해질 수 있다.

(1) 주제 topic : What if a shark couldn't eat fish? 상어가 물고기를 먹지 못한다면?

The shark needs to lose some weight that's why he tries to control his diet. 상어는 살을 좀 빼야 하기 때문에 다이어트를 하려고 노력하는 겁니다.

"상어가 물고기를 먹지 못한다면?"이라는 신선한 주제를 건네면 아이들은 기발한 창의력을 발휘한다. 그래서 색다른 수업을 경험하게 된다. 우선 "다이어트 때문에 물고기를 먹지 못하는 거"라고 말한 아이의 의견으로 생각을 확장해 보자.

이 아이는 상어가 다이어트를 하는 이유에 대해 이렇게 말했다.

"The main reason is that he realizes eating fish makes him to be getting fat 그 이유는 그가 생선을 먹으면 살이 찌게 된다는 것을 깨달았기 때문입니다."

이 문단의 경우에는 상어가 어떻게 다이어트를 했는지와 관련된 적절한 예 example 를 들어주는 것이 좋다. 나는 이 아이가 이와 관련된 생각을 펼칠 수 있도록 이렇게 질문했다.

"다이어트를 하는 상어는 과연 어떻게 식단 조절을 해야 할까?"

그러자 이 아이는 다음과 같은 문단을 쓸 수 있었다.

In order to eat healthy food, he goes to a special organic grocery store. In the store, he found out that eating only vegetables could be helpful to control the weights.

건강에 좋은 음식을 먹기 위해, 그는 특별한 유기농 식료품점에 갔습니다. 가게에서 그는 야채만 먹는 것이 체중 조절에 도움이 될 수 있다는 것을 발견했습니다.

정말 신선한 아이디어 아닌가? 유기농 식료품점에서 신선한 식재료를 구입해 먹고 채식주의자가 되면 다이어트에 큰 도움이 될 것이다. 이 아이디어가 신선한 이유는 '상어는 물고기를 못 먹는다'라는 생각에만 갇혀 있지 않고 상어를 위한 독특한 해결방안을 찾아냈기 때문이다. 또 이 해결방안이 어떤 긍정적인 결과를 가져올 것인지에 대해서도 생각의 흐름을 확장시켰다.

(2) 창의적인 글로 구성하기

소개 Introduction: 왜 상어가 물고기를 먹지 못하게 되었는지 배경설명을 제공한다. 자신이 어떤 방법으로 물고기를 못 먹는 것을 '발견'했는지에 대해 신선하게 써보도록 한다.

본론 Body: 상어가 물고기를 못 먹게 되자 어떤 식으로 일상생활에서 문제가 생기게 되었는지를 상세하게 설명한다. 이 설명이 들어가야 클라이맥스, 즉 갈등이 고조되었을 때 독자들에게 공감을 얻을 수 있다.

클라이맥스 Climax: 도통 아무것도 먹지 못한 상어는 여러 가지 방법을 시도해 보지만 결국 모두 실패한다. 그런데 문제를 해결해 줄 수 있는 아주 지혜로운 문어 친구를 만나게 된다.

해결 Resolution: 문어 친구의 도움으로 플랑크톤을 '마시는' 방법을 찾게 된다. 어렵지 않게 영양소도 흡수할 뿐만 아니라 물고기를 더 이상 사냥하거나 죽이지 않게 된다.

결론 Ending: 주인공인 상어뿐만 아니라 다른 상어 커뮤니티에서도 플랑크톤을 마시는 운동이 활발하게 전개된다.

(3) 중심 생각 main idea 의 특징에 대해 서술하기

첫 번째 단락 paragraph: '왜 상어가 물고기를 먹지 못하게 되었을까?'에 대해 서술하기

우선 상어가 물고기를 먹지 못하게 된 이유를 생각해 보자. 어른들의 관점에서는 '상어가 사냥을 하다가 다른 친구들을 해치는 것이 마음이 아팠나 보다'라고 생각할 수 있다. 그러나 상상력이 엄청난 아이들은 '상어에게 물고기 알레르기가 있다' 혹은 '너무 살이 쪄서 더 이상 물고기를 먹기가 싫어서 저절로 다이어트가 하고 싶은가 보다'라고 통통 튀는 아이디어를 발휘한다.

(4) 상어의 처한 문제와 문제해결에 대해 서술하기

이 상어의 가장 큰 숙제는 '물고기를 먹지 않고 어떻게 영양분을 섭취하느냐', 그 차선책을 찾아내는 것이다. 창의적인 글쓰기에서는 그 방법

을 '어떻게' 찾아내느냐가 가장 중요한 핵심이다.

우선 '어떻게 다른 영양분을 섭취하게 될까?'라고 생각해 보면 된다. 이 이야기를 창작한 아이의 경우에는 상어 혼자 스스로 답을 찾으려 노력했다가 멋진 문어 친구의 도움으로 그 문제를 해결하는 이야기를 만들어냈다. 결국에는 우정friendship의 힘으로 문제를 해결하였고, 더 나아가서 상어 나라에서 다른 친구들도 불쌍한 물고기를 더 이상 사냥하지 않고 이제는 주인공과 같이 플랑크톤을 마시는 좋은 영향력을 끼치게 되었다는 엔딩으로 마무리했다. 정말 멋진 엔딩이다.

[Sample Essay 1]

Once upon a time, there was Sammy, a young shark, living in the warm waters of the Caribbean Sea. He was a curious and adventurous shark who loved to explore the ocean and make new friends. However, there was one different thing from the other sharks: he couldn't eat fish.

It wasn't that he didn't like the taste of fish. In fact, he had tried to hunt them several times, but every time he got close, he just couldn't do it, because his body exploded and had serious allergic reaction. At that time, he knew that he was different from the other sharks.

One day, while he was swimming near new area, he met a new friend who is wise old octopus named Ollie. Ollie knew a lot about the ocean. Sammy told Ollie about his problem and asked him if there was anything else he could eat besides fish.

Ollie said, "Well, there is one thing that sharks can eat besides fish. It's called plankton. Plankton are tiny creatures that float in the water. You sharks could eat them, while drinking water."

Afterwards, Sammy became famous for the plankton-eating shark in their community. Other sharks teased him at first, but when they saw how happy and healthy he was, they started to try too. Soon, all the sharks in the ocean were eating plankton. Sammy was happy to have found a new life, and he knew that he had Ollie to thank for it.

[필수 어휘 Focused Vocabulary]

	의미 Definition	동의어 Synonyms
explode	폭발하다, 폭발시키다	blow up, burst, detonate, erupt
allergic reaction	알레르기 반응	hypersensitivity, allergy, sensitivity
afterwards	그 후에, 그 이후에	subsequently, later, thereafter, then
tease	놀리다, 조롱하다	mock, taunt, ridicule, harass
besides	게다가, 또한	moreover, furthermore, in addition, also
community	공동체, 지역 사회	society, neighborhood, population, group

[Sample Essay 2]

There was a shark that was afraid of gaining weight, so it couldn't eat fish. But this didn't stop the shark from finding a new way to survive. Instead of fish, it started eating organic vegetables.

At first, the shark was very worried about not being able to eat fish anymore. Fish had been its main source of food for a long time. But the shark also knew that eating too much fish would make it gain weight, which would make it slow and unable to catch prey.

After thinking for a while, the shark decided to try something new. It started to explore the underwater world, searching for different types of food. Eventually, it discovered a coral reef where it found many different types of organic vegetables.

Eating organic vegetables turned out to be a great solution for the shark. Not only did it help the shark maintain a healthy weight, but it also gave it more energy to swim faster and catch prey. Plus, the shark felt much better knowing that it was eating food that was good for both its body and the environment.

In the end, the shark learned an important lesson about being open to new ideas and solutions. By being flexible and trying new things, it was able to overcome its fear of gaining weight and find a new way to survive in the ocean. And who knows, maybe other sharks will follow its example and start eating organic vegetables too!

[필수 어휘 Focused Vocabulary]

	의미 Definition	동의어 Synonym
be afraid of	무서워해서	scared of, fearful of, intimidated by
survive	살아남다	endure, make it through, live through
unable	할 수 없는	incapable, powerless, impotent
eventually	결국은	in the end, ultimately, finally
turned out to	~로 판명되다	ended up, resulted in, proved to be
not only ~ but also	~뿐만 아니라	not just ~ but additionally, not solely ~ but also

14장
독후감 쓰기 Book Report Writing,
한 번 해볼까?

영어 독후감 쓰기는 대입 수시 학생부 영어 과목에서 좋은 성적을 받기 위해 꼭 필요하다. 영어 독후감 쓰기가 중요해지니, 요즘은 영어 유치원에서도 책을 읽고 반드시 영어 독후감을 쓰게 한다. 만약 아이가 "독후감을 작성할 만한 내용이 없다, 기억이 안 난다"라고 한다면, 그냥 휼렁휼렁 책장을 넘기면서 그림만 본 셈이다. 책의 내용을 완벽하게 이해하고 내 것으로 만들지 않은 것이다. 영어 유치원을 다니는 아이들의 가장 큰 약점은 많이 읽기, 즉 다독은 하는데 정독은 하지 않은 것이다. 책을 많이 읽기는 하지만 막상 질문을 해보면 기억하지 못하는 것이 문제다.

독후감은 책을 읽고 이해한 내용을 자신만의 언어로 소화해 쓰는 것이다. 독후감에는 주인공과 등장인물들이 누구인지, 그 일이 일어난 장소와 시간은 어떻게 되는지, 무슨 일이 일어났는지, 어떤 갈등이 있었고 주인공이 그 일에 대해 어떻게 대처했는지, 만약 자신이 그 주인공이라면 어떻게 행동했을지, 그 사건 이후 주인공이 어떻게 되었는지 등 다양한 내용들을 포함할 수 있다.

독후감 쓰기는 아이들에게 많은 이점을 제공한다. 이를 통해 아이들은 다양한 형태의 글쓰기 기술을 배우고, 독해력과 문학적 표현력을 향상시킬 수 있기 때문이다.

왜 독후감을 쓰는가?

첫째, 독후감을 쓰면 아이들에게 독서 습관을 심어준다. 아이들은 책을 읽으며 내용을 요약하고 분석함으로써, 새로운 이야기와 개념을 탐구하게 된다. 앞서 말했듯이 그냥 술술 읽는 것이 아니라 '탐구'하며 열심히 읽는 습관을 기를 수 있다.

또한, 독후감을 작성함으로써 독해력과 문학적 표현력을 향상시킬 수 있다. 독후감을 작성하면서 책에 대한 자신만의 생각을 표현하고, 감정을 전달하는 방법을 배우며, 이를 통해 문학적 표현력을 향상시킬 수 있다. 그저 책에 나와 있는 문장을 그대로 쓰는 것이 아니라 자신의 머릿속에 들어 있는 단어들을 끄집어내어 쓰는 것이 가장 중요하다. 그렇게 해야 글쓰기 실력이 나날이 느는 습관이 길러지기 때문이다.

마지막으로, 독후감을 작성하는 과정에서 아이들은 독서 경험을 다른 사람과 공유할 수 있다. 독후감을 읽는 사람들은 아이들의 이야기와 생각에 대해 더 깊이 이해하게 되며, 이를 통해 아이들은 다른 사람의 의견과 생각을 수용하는 방법을 배울 수 있다.

이러한 이유들로 인해, 독후감 쓰기는 아이들에게 매우 중요한 공부라고 할 수 있다. 이를 통해 아이들은 독서 습관과 글쓰기 능력을 향상시키고, 문학적 표현력을 강화할 수 있다.

BOOK REPORT

TITLE _____

AUTHOR_____

RATING ★   ★★   ★★★   ★★★★   ★★★★★

QUICK SUMMARY

_____
_____
_____
_____
_____
_____

WHO IS YOUR FAVORITE CHARACTER AND WHY?

_____
_____

WHERE DOES THE BOOK TAKE PLACE?

_____

DRAW YOUR FAVORITE SCENE

WHAT WAS THE BEST PART IN THE BOOK AND WHY?

_____
_____
_____
_____

WOULD YOU RECOMMEND THIS TO A FRIEND?   YES   NO

NAME _____   DATE _____

© bnute productions

제4부

영어 글쓰기, 어디까지 향상될 수 있을까?

15장
영어 글쓰기 비포 Before, 에프터 After 첨삭지도

이 책의 마지막 챕터인 제4부에서는 비포 Before, 에프터 After 사례를 통해 글쓰기 실력을 향상시키는 방법을 알아보기로 하자. 실제로 대치동 학원에서 이루어지는 첨삭지도도 첨부했으니, 자녀교육에 도움이 되기를 바란다.

〈사례1〉

[Before] How the robot would be developed in 100 years?

In 100 years, robot makes my life comfortable than now. It is because robot does almost same things as people do, Here are some a few ways how robot helps me. +Here are some reasons why I think robot and examples.

First of all, there will be cooking robots. This is because

---

many people always want cooking robot. It will greet me with a smile, making delicious breakfast every morning. for example, lemon juice, cupcake, etc.

Secondly, there will be a robot that can read my mind, because it will make me special and surprising. In other words, it will read our minds and acts.

Lastly, robot will make pretty and convenient clothes for me. It is because it will make me proud and happy. For example, if I feel cold, it will make a warm jacket, or if I feel hot, it will make a cool shirt automatically.

In conclusion, these robots will continue to help me like the examples before said and I hope it will appear in my life as soon as possible.

(1)아이디어Ideas: 실용적인 생각들Practical ideas로 많이 이루어져 있다. 사실 미래의 이야기를 하면 허무맹랑하거나 아이들의 생각을 마구 이야기하는 경우가 많은데, 요리를 해준다거나 옷을 만들어준다거나 하는 실생활에 쓰이는 아이디어를 담아냈다.

(2)구성Organization: 명확하게 5개의 문단으로 이루어져 있다. 전환어 Transition Words도 정확한 위치에 들여쓰기indent를 포함하여 잘 들어가 있다. 그러나 본문에 관한 중심 생각, 즉 본문 문단에 들어가야 하는 예 등이 많이 부족하다.

(3)단어 선택Word Choice: 자신이 아는 모든 어휘를 끌어내서 쓴 표현은

아니다. 충분히 리딩에서 3점대를 읽어내는 친구라면 훨씬 어려운 단어와 숙어를 써야 한다.

(4)문장 유창성Sentence Fluency: 이 작문은 문장 구조가 좋고 일관성 있는 흐름을 가지고 잘 흘러간다. 문장 길이에는 적절한 균형이 유지되며, 작문은 전체적으로 일관된 스타일을 유지한다. 하지만 조금은 길고도 어려운 문장을 구사할 필요가 있다.

(5)문법적 오류Grammatic Mistakes: 이 작문은 전반적으로 잘 쓰여 있으며, 일부 작은 문법적 오류가 있다. 일부 구두점이 누락되거나 잘못 사용된 경우가 있으며, 몇몇 문장은 명확성을 위해 다시 표현되어야 한다.

아이의 성향과 현재 상태

		충분한 input	아쉬운 input
내성적	완벽주의 성향		○
	아쉬운 자신감		
외향적	생각의 구조화 결여		
	빠른 글쓰기 속도		

초등학교 3학년/리딩 3점대

· 성향: 차분하고 완벽주의 성향이 강한 여자아이이다. 이런 친구는 글을 써내려가는 것, 특히 사고력으로 브레인스토밍하는 것을 어려워한다. 틀리는 것이 두렵기도 하고 자신이 알고 있는 사실이 확실하지 않다는 의심(?)을 하는 아이이다.

· 인풋Input: 선생님들과 함께 즐거운 분위기에서 행복하게 공부할 수 있도록 자신감을 심어주고, 아무 아이디어라도 마구 쓰게 했다. 게다가

단어 학습을 많이 힘들어하는 아이라서 함께 단어책 2권을 완벽하게 공부하고 시험 보면서 문장을 쓰는 연습을 반복했다.

Wordly Wise Level 2/Reading for Vocabulary C

· **학부모의 도움** Support: 사실 부모님의 도움이 많이 필요한 아이는 아니었다. 게다가 워낙 차분하고 꼼꼼해서 굳이 부모님의 도움이 필요한 아이는 아니었지만 가정에서 많은 칭찬과 독려를 하도록 부탁했다. 우리의 라이팅 목표는 글쓰기에 자신감을 갖는 것이고, 이 친구의 경우 그것이 8할을 차지하니까.

[After] What is th ebest gifts that you've ever received?

Most people have the best gift and moments in their lives, and they often wish to **preserve** those memories. In my case, the best gift I have ever received is a fish tank with a fish robot. Here are more detailed reasons why I consider it the best gift I have ever received.

First of all, I have always wanted a pet, and even though the fish were not real, the robot fish could move around. For example, the fish's mouth was made of metal, so when I fed them, it looked as if they were actually eating. The robot fish could swim around and move just like real ones. It was like having a mini aquarium right in my room!

Secondly, I remember this fish toy because Santa gave it to me as a present, even though I didn't ask for it. Santa somehow knew about my wishes, which made me extremely happy when I received it. When I opened the present and saw the fish tank, I was over the moon with **excitement!** It made me believe in the magic of Santa Claus even more.

Thirdly, it is difficult to introduce real fish to friends due to the fishy smell they can **release.** However, this toy pet was lovely and did not have any unpleasant smells. As a result, I could **proudly** show it to my friends, and they liked my fish, too. It was **incredible** to watch them swim around.

In conclusion, this fish tank with a fish robot was the best gift for me. In addition, it was a surprise gift from Santa, and I could share it with my friends. I hope to receive more wonderful gifts in the future.

(1)아이디어 Ideas: 이 에세이는 가장 좋아하는 선물로서 로봇 물고기를 포함한 어항을 선택한 이유에 대해 구체적인 이유를 제시하고 있다. 각각의 이유가 예시와 함께 구체적으로 설명되어 있으며, 선물의 가치를 뒷받침하기에 충분하다.

(2)구성 Organization: 구성은 이전보다 논리적인 흐름을 가지고 있으며, 각 단락은 특정 이유를 제시하고 해당 이유를 설명하는 방식이 훨씬 풍부해졌다. '산타클로스에게 받은 어항과 로봇 물고기는 가장 인상 깊은 선물 중 하나였다'라는 문장으로 글을 시작했는데, '그냥 아무에게 받은 선물이 아니라 산타할아버지에게 받았다는 것 자체가 더 좋았다'라고 구체적으로 이유를 밝히는 점도 매우 발전했다.

(3)단어 선택 Word Choice: 이 에세이는 다양한 어휘를 사용하여 아이디어를 표현하고 예시를 제공한다. 굵은 글씨 bold로 밑줄 친 단어들은 이 아이가 예전에 구사하지 못했던, 알고는 있었으나 같이 공부하면서 더 단단해진 아웃풋-워드 output-words이다. 언어 선택은 일반적으로 적절하며 명확하다. 강조나 감정을 전달하기 위해 단어 선택을 다양성하게 했더라면 더 좋았을 것이다.

(4)문장 유창성 Sentence Fluency: 이 에세이는 문장 구조가 탄탄하고 일관성 있는 흐름을 가지며 잘 흘러간다. 문장 길이와 구조에 적절한 다양성이 있으며, 글은 전체적으로 읽기 쉽고 유창한 스타일을 유지한다. 더욱 어려운 단어는 아직 구사하지 못하지만 그럼에도 불구하고 비포 before에 비해 매우 향상된 표현을 구사했다.

(5)문법적 오류 Grammatic Mistakes: 이 에세이는 일부 작은 문법적 오류를 제외하고 일반적으로 잘 작성되어 있다. 하지만 몇몇 구두점 부재나

잘못된 사용, 몇몇 문장의 재구성이 필요해 보인다.

〈사례2〉

[Before] What if your friend turne dint oaturtle?

Have you ever imagined if your friend turned into a turtle? In my case, I would like to do three things with my turtle friend as below.

First, I would like to ride on its back because I wouldn't want to walk. For instance, I could ride on its back while watching my cellphone or enjoying the backgrounds.

Second, I would bring my turtle friend to school so that I could play with it anytime and share the experience with my friends. They could be both amazed and learned about turtles.

Lastly, I would take it for a walk because turtles love nature. For example, I would enjoy taking it back to the forest or beach where it lives.

In conclusion, it's fun to imagine our friend as a turtle, but I hope it does not happen to me because I don't want to feel afraid of my friends who changed to strange animal. I could be lonely and miss him a lot.

---

(1)아이디어 Ideas: 아이디어는 매우 간결하다. 쓰는 것에 겁이 많은 아이라서 어떻게 써야 할지 몰라 간결하게 글을 써내려가긴 했는데, 아이디어가 매우 제한적이다. 재미있는 아이디어를 좋은 글로 써내려가는 필력이 부족하다.

(2)구성 Organization: 5개의 문단으로 쓰는 법을 아는 아이다. 5개의 문단으로 써야 한다고 배운 아이다. 그러나 그 글을 어떻게 풀어내야 하는지, 그리고 뒷받침하는 생각 supportive ideas를 넣는 법을 모른다.

(3)단어 선택 Word Choice: 결코 쉽게 써내려간 글이 아니다. 알고 있는 단어를 총동원하려고 노력했다. 그러나 아는 단어를 다 쓰지 않고 계속 스스로 제한을 두는 것이 느껴지는 아이다. 아이디어도 많고 스피킹도 엄청 빠른 아이인데, 라이팅 실력이 발전하지 못하는 듯하다.

(4)문장 유창성 Sentence Fluency: 물론 선생님이 문법적 오류를 봐준 글이긴 하지만 오리지널 버전을 거의 건드리지 않는 선에서 문장도 단순하다. 하지만 스피킹처럼 단순한 문장이 아니라 그래도 라이팅 버전으로 길게 쓰려고 노력을 많이 한 아이다.

(5)문법적 오류 Grammatic Mistakes: 일부 경우에 동사 시제가 변화하는 부분이 있다. 예를 들어, 'I would bring my turtle friend to school' 이라는 문장에서 'bring'이 현재 시제인 반면, 나머지 문단은 조건부 시제로 작성되어 있다. 에세이 전체에서 일관된 동사 시제를 유지해야 명확성을 높일 수 있다. 'share the experience with my friends' 대신에 'share the experience with my friends and educate them about turtles'를 사용하는 것이 바람직하다.

아이의 성향과 현재 상태

		충분한 input	아쉬운 input
내성적	완벽주의 성향		
	아쉬운 자신감		
외향적	생각의 구조화 결여		
	빠른 글쓰기 속도	○	

초등학교 2학년/리딩 4점대

· **성향**: 리딩과 스피킹 점수가 매우 높은 반면에 비포 라이팅은 매우 간결하다. 그 이유는 번개와 같은 속도로 라이팅을 써내려가기 때문이다. 이 아이는 스피킹과 비슷하게 라이팅을 한다. 이 아이에게 필요한 것은 아주 천천히 차분하게 머릿속의 생각을 써내려가는 연습이다. "천천히 써도 너는 잘 쓰고 있다"고 말해 주며, 차분하게 머릿속에 아이디어를 정리하도록 했다. 이 아이에게 필요한 것은 단어나 문법 공부가 아니니까.

· **인풋**Input: 미국 라이팅 교과서들을 차분하게 푸는 게 이 아이에게는 가장 필요했다. 이런 것은 집에서 아이 혼자 하기엔 조금 무리가 있다. 쓴 부분을 하나하나 첨삭하고 선생님들의 피드백을 받아보는 시간이 필요했다. 그래서 같이 즐겁게 아이디어를 도출하고, 그 후에 같이 '차분하게' 리뷰하는 형식으로 공부했다.

• **학부모의 도움** Support: 이 아이의 어머님은 초창기에 상담하실 때 안타까움이 많이 묻어나신 경우였다. 무슨 말인고 하니, 스피킹과 리딩 점수는 매우 높은데, 라이팅 점수가 도통 오르지 않으니 엄청 속상해하셨다. '어떻게 하면 이 아이의 이 머릿속에 떠다니는 엄청난 생각들을 잘 서랍정리하여 표현해 줄 수 있을까?' 선생님들끼리 엄청 고민하고 회의를 많이 했다. 선생님들의 피드백과 가정 도움 support at home을 어머님이 착실하게 협조해 주셨다.

[After] What if you had a time-machine?

Have you ever considered time travel? If I had a time machine, I would like to explore three different time periods. I would like to travel to the past when I was a child, see how my parents were in the past and go back in time to play with my younger self. Here are the detailed things that I would like to with the time machine as below.

Firstly, I want to travel to the past to see how cute and innocent I was. I strongly believe that I was sweet, a good listener, and kind. I want to play with my favorite childhood toy and remember happy memories. My mom told me that I used to be a quiet and sweet girl so that not many people knew I was even there. I'm **more than certain** that I'm the most active and outgoing girl at school now. I couldn't believe what they said. That's why I need to check it out with my own eyes.

Secondly, I would like to see how my parents were in the past. It would be interesting to learn about their childhood and how they became the parents they are today. I would be curious to know about their experiences in kindergarten. I wonder what games they enjoyed playing and which friends they hung out with. However, I do not intend to change them, but to understand them better.

Lastly, I would like to travel to the past to play with my younger self. Playing with my friends is not as enjoyable as it used to be, and I miss the joy of childhood. I want to **recall** those moments and do things I used to love but cannot do anymore because I'm older. For instance, I can sleep all day long or play hide-and-seek even five hours in the playground.

In conclusion, if I had a time machine, I would like to explore three different timelines. Firstly, I would like to see how cute and innocent I was in the past. Secondly, I want to understand my parents better by seeing how they were in the past. Lastly, I want to go back in time to play with my younger self and **relive** happy memories. I hope I could have the magic machine in a real life!

(1)아이디어 Ideas: 이 에세이는 시간여행을 통해 접하고 싶은 세 가지 다른 시기를 초2 여학생의 시각에서 생생한 표현법을 사용하여 재미있게 제시한다. 아이디어는 명확하고 일관성이 있으며, 작가의 개인적 경험과 자신의 과거 그리고 부모님의 과거에 대한 호기심을 중심으로 한다. 구체적으로 각각의 이유가 제시되어 있으며, 아이디어가 비포 before 글에 비해 훨씬 발전되었다.

(2)구성 Organization: 이 에세이는 논리적인 방식으로 구성되어 있다. 각 시기에 대해 별도의 단락이 할당되어 있으며, 서문에서는 시간여행에 대한 작가의 관심을 명확하게 밝히고, 결론에서는 세 가지 시기를 효과적으로 요약하고 있다. 단락 간의 전환은 원활하며, 에세이 전반의 흐름을 돕는다. 비포 before 글과 비교했을 때 구성이 잘되어 있고, 글의 흐름 또한 매우 잘 정돈되어 있다.

(3)단어 선택 Word Choice: 어휘 선택은 대체적으로 적절하며, 작가의 의

도와 감정을 전달하는 데에 효과적이다. 이 에세이는 호기심, 향수 및 과거 경험을 재현하고자 하는 작가의 의도를 설명하기 위해 묘사적인 언어를 효과적으로 활용했다. 몇몇 단어와 구문은 명확성과 정확성을 높이기 위해 개선해야 하지만, 전반적으로 의도한 의미를 전달하는 데에 적합한 어휘가 사용되었다.

(4)문장 유창성Sentence Fluency: 이 에세이는 문장 유창성이 뛰어나다. 문장 길이와 구조가 다양하며, 전반적으로 가독성이 좋다. 몇몇 문장은 명확성과 부드러운 전환을 위해 개선할 필요가 있다. 예전 글이 딱딱하고 문장별로 연결되어 있지 않다면 이 글은 술술 읽을 수 있도록 문장과 문장 사이의 연결이 매우 매끄럽다.

(5)문법적 오류Grammatic Mistakes: 이 에세이는 문법에 대한 뛰어난 이해를 보여주며, 문법적인 오류는 크게 줄었다. 그러나 몇 가지 문제가 있다. 예를 들어, 'used to be' 대신에 'were'를 사용해야 하고, 조사'the' 또는 'a'가 누락된 문제가 있다. 또한 일부 문장은 쉼표를 사용하지 않았는데, 이를 개선해야 한다.

〈사례3〉

[Before] When is your happiest moment with your family?

When is your happiest moment with your family? In my case, I would choose the time when I traveled to several places with my family, as described below:

First, I wanted to go to a hotel. It was because I wanted

to swim in the swimming pool as fast as I could and really enjoy the water. We started **by staying** at a hotel where I could swim in the pool.

Second, I wanted to go to the park. It was because I wanted to swing on the swings and try to go as high as possible. I had a great time swinging on the swings, **reaching** the highest point. I also wanted to explore and see everything I could in the park.

Third, I wanted to go to the sea. It was because I wanted to go snorkeling and witness a lot of fish and the beautiful underwater world. It was an amazing experience.

These were the happiest moments with my family.

---

(1)아이디어 Ideas: 이 글을 사실 읽고 꽤 혼란스러웠다. '가족과 무엇을 했을 때 가장 행복했니?'가 주제였는데, '나는 가족하고 여기저기 가고 싶었습니다'라고 글을 써내려간 것을 보고 '주제를 잘못 이해했을까?'라는 생각이 들었다. 그래서 물어봤더니 가족과 여기저기 갔다는 표현을 이렇게 'wanted'로 썼을 수도 있겠구나 하는 생각이 들었다. 이 아이는 라이팅으로 문장을 써본 경험이 부족하다. 그래서 'wanted'로 모든 표현을 한 것이다.

(2)구성 Organization: 글이 너무 짧다. 문장이 한두 개 정도 들어간 5개의 문단으로 이루어진 에세이다. 생각의 근거 Supporting ideas가 매우 빈약

하고 그 밑에 무언가를 쓰려고 노력한 흔적도 보이지 않는다.

(3)단어 선택Word Choice: 굵은 글씨로bold로 표시한 것은 선생님이 도와주신 글이다. 사실 단어도 매우 쉬운 단어를 활용하는 수준이다. 자신감이 부족해서 단어 활용을 여러 가지 시도하는 것을 어려워하는 아이이다.

(4)문장 유창성Sentence Fluency: 문장 구성은 무난하다고 볼 수 있다. 아주 안전하게 스피킹이 가능한 문장 중심으로 써내려갔다.

(5)문법적 오류Grammatic Mistakes: 조사'a'나 'the'가 누락되고 동사 시제의 일관성이 부족하다. 문장부호와 주어-동사 일치에 대한 개선이 필요하다.

아이의 성향과 현재 상태

		충분한 input	아쉬운 input
내성적	완벽주의 성향		
	아쉬운 자신감		○
외향적	생각의 구조화 결여		
	빠른 글쓰기 속도		

8세/리딩 2점대

· 성향: 다른 친구들의 영향을 많이 받는 남자아이다. 8세임에도 불구하고 약간 주위의 눈치를 살핀 후에 브레인스토밍을 진행하기도 한다. "왜 'wanted'로 쓴 거니?"라고 물어보니, 대답을 하는 데 한참이나 걸렸다. 소심하기도 하고 아직은 단어 선택을 많이 할 수 없을 정도로 인풋input이 쌓여 있는 수준은 아니었다. 이런 아이에게는 친구들의 발표나

피드백을 들으면서 간접적으로 습득하게 하는 것이 훨씬 나은 교육방식이다. 직접적으로 고칠 점을 정정correction해 주면 오히려 아이의 마음의 문이 더 닫힐 수 있기 때문에 다른 친구의 이야기를 듣게 해주었다.

· 인풋 Input: 이 아이는 리딩은 충분히 했는데, 그에 맞게 인풋input, 아웃풋ouput을 해놓지 않아서 글쓰기를 어렵게 느낀다. 그래서 다른 친구들의 글을 읽게 하고, 그 글에서 어떤 것을 느꼈는지를 발표하도록 했다. 이 아이에게는 미국 교과서보다는 오히려 한국에서 발행한 라이팅 교재가 보다 효과적이었다.

Write Right Paragraph to Essay 1, 2

· 학부모의 도움 Support: 이 아이의 어머님은 우리 학원을 믿고 맡겨주시는 스타일이셨다. 그래서 이 아이가 숙제를 좀 부족하게 하는 경우에 선생님들이 "이런 부분은 집에서 더 연습하고 따라 써보기를 하도록 도와주세요"라고 말씀드렸을 때는 한 번도 놓치신 적이 없으셨다. 그래서 이 아이의 실력은 갈수록 좋아졌다.

Have you ever thought about having a magic eraser? I often dream about the **incredible** things that I could do with a magic eraser. I could erase boring homework, **get rid of** harmful trash, and even remove bad people from our lives. In this essay, I will share my exciting thoughts with a magic eraser that could help us a lot.

First of all, I believe I could try many things, **such as** erasing homework. I find homework boring and would like to free my time for activities like playing games, such as hide-and-seek, soccer, and catching insects.

Secondly, erasing trash would also be **helpful** for many people and improve their health. If plastic trash is removed from the ocean, nature will become cleaner, and people will be healthier. One day, I saw a TV show that depicted a turtle with its neck trapped in a plastic bag. It was a many animals suffer **due to** human mistakes. That's why I believed removing trash from our **environment** is super important.

Thirdly, erasing bad people would make the world safer. People would no longer have to worry about dangerous people like robbers and thieves. Erasing bad people would create a better society where people can live without any danger. For instance, if there are no robbers, good and nice citizens do not have to worry about walking on the street in middle of night.

In conclusion, having a magic eraser would be great because it would allow us to erase bad people, bad food, and the sun when **necessary.** It could make the world a safer, healthier, and more comfortable place.

(1)아이디어 Ideas: 이 에세이는 마법 지우개를 가지고 있는 것에 대한 상상력이 풍부하고 명확한 아이디어를 제시하며, 숙제를 지우고 쓰레기를 제거하며 나쁜 사람들을 없애는 데에 필요한 마법 지우개의 잠재력을 탐구한다. 비포 before 글과 비교해 보면 글의 내용이 연결되는 것이 너무나도 좋다.

(2)구성 Organization: 아이디어가 논리적으로 전개되어 있으며, 이해하기 쉽게 구성되어 있다. 전반적으로 잘 구성되었다. 큰 틀은 많이 바뀌지 않았는데, 그 틀 안에서 여러 가지 이유를 설명하는 방법도 매우 매끄럽다. 예를 들어, 세 번째 단락에서 '나쁜 사람들을 모두 지워버려야 한다. 그 이유는 선량한 시민 good citizen이 덜 위험하고 더 안전한 세상에서 살 수 있기 때문이다'라고 썼는데, 매우 논리적이면서 술술 읽힌다.

(3)단어 선택 Word Choice: 굵은 글씨로 bold로 표시한 부분은 이 아이가 많이 발전한 단어 부분이다. 8세가 쓰기에 어려운 단어임에도 불구하고 어려운 단어를 잘 사용하는 법을 터득했다. 이 아이의 경우는 어려운 단어를 쓰는 것이 관건이 아니라 머릿속에 있는 아이디어를 글에 담아내어

매끄럽게 읽히도록 써내려가는 것이 관건이었다.

(4)**문장 유창성** Sentence Fluency: 문장들은 일반적으로 잘 구성되어 있으며, 글의 흐름이 부드럽다. 문장의 길이에는 적절한 다양성이 있으며, 아이디어 간의 전환도 매끄럽다. 이 에세이는 좋은 리듬과 읽기 편한 흐름을 유지한다. 가장 칭찬해 주고 싶은 장점이다. 다른 아이들의 글을 많이 읽게 하고, 자신의 스토리텔링이 향상되도록 지도했는데, 글쓰기 실력이 늘어났다.

(5)**문법적 오류** Grammatic Mistakes: 문법적인 오류가 최소화되었으며, 문장 구조도 대부분 올바르다. 그러나 구두점과 단어 사용에 개선이 필요한 부분이 몇 군데 있다. 구두점 사용법을 다시 익히고, 주어와 동사 사이의 적절한 일치를 확인하는 것이 좋다.

〈사례4〉

[Before] Whois your favorite person in the world?

If anyone asks me who my favorite person is, there is no doubt that it is my sister. We are best friends. In this essay, I will explore the reasons why my sister is such a special person in my heart and why our relationship is unique.

First of all, I spend most of my time with her every day. We write stories and study together a lot. When I have problems solving English or math questions, she always tries to help me. Additionally, we have same meals, play games,

147

and go to sleep together. That's why she is one of my favorite people in the world.

Secondly, we both enjoy writing stories. We love creating new stories when we have ideas in our minds. Lately, we have been working on a special story and characters. Since we both enjoy writing, we plan to become authors and publish books together when we grow up.

Thirdly, we share similar personalities. My sister and I enjoy playing sports like soccer, basketball, badminton, and riding bicycles together. Last weekend, our family went out for outdoor activities, including riding bicycles. It was a wonderful time spent together as a family.

In conclusion, my sister is my favorite person in the world. We spend a lot of time together, share similar personalities, and have common hobbies.

---

(1)아이디어 Ideas: 처음 글을 쓴 것치고는 글의 흐름이 좋은 아이다. 왜 언니가 세상에서 가장 좋은지에 대한 이유를 적재적소에 명확하게 밝혔다. 하지만 그 이유를 뒷받침해 주는 충분한 에피소드가 없어서 아쉽다. 그런 에피소드를 생각해내는 훈련이 더 필요하다.

(2)구성 Organization: 글의 흐름이 좋으니 구성은 명확하다. 대신에 문단마다 글이 너무 짧다. 글이 짧은 이유는 충분한 예시와 주장을 뒷받침

하는 아이디어를 생각해내지 못했기 때문이다.

(3)단어 선택Word Choice: 이 아이가 사용한 단어는 선생님들의 코칭으로 수정revise된 것들이 있기는 하지만 그럼에도 불구하고 라이팅을 많이 하지 않은 것치고는 머릿속에 있는 것들이 훌륭하게 인풋input되었다. 리딩이나 단어 실력에 비해 라이팅이 아쉽기는 하다.

(4)문장 유창성Sentence Fluency: 짧은 문장과 긴 문장 사이에 좋은 균형이 잡혀 있어 글의 흐름이 좋다. 각 문장 내의 아이디어가 원활하게 연결되어 전반적으로 일관성을 갖추고 있다. 하지만 중심 생각이나 주장을 뒷받침하는 아이디어가 부족하여 문장과 문장 사이의 스토리가 비어 있는 것처럼 느껴진다.

(5)문법적 오류Grammatic Mistakes: 이 에세이는 문법과 구두점 사용에 대한 뛰어난 이해를 보여준다. 관사 'the' 또는 'a'가 누락된 것과 같은 작은 문법적 오류만 개선한다면 좋겠다.

아이의 성향과 현재 상태

		충분한 input	아쉬운 input
내성적	완벽주의 성향	○	
	아쉬운 자신감		
외향적	생각의 구조화 결여		
	빠른 글쓰기 속도		

초등학교 3학년/리딩 4점대

· **성향**: 여학생들 중에는 머릿속에 많은 인풋input, 즉 단어와 문법 실력이 있음에도 불구하고 완벽주의 성향 때문에 공부하기가 어려운 아이

들이 꽤 많다. 이런 아이들은 사실 영어 스피킹도 어려워하는 경우가 많다. 그래서 자주 이야기하도록! 그리고 그 이야기가 참 재미있고 너는 라이팅을 잘하는 친구라는 것을 자꾸 강조해 줘야 한다.

· 인풋 Input: 이 아이는 이미 어휘력과 문법 실력이 탄탄하게 준비되어 있다. 하지만 머릿속에 있는 것을 아웃풋output하는 것을 두려워한다. 완벽하지 않으면 입을 열지 않거나 라이팅으로 써내려가는 것을 두려워하기 때문이다. 이 아이에게는 미국 라이팅 교과서를 활용하도록 한 것이 큰 도움이 되었다. 예쁜 그림을 보면서 자기 생각을 천천히 나열하도록 했다. 그런데 그냥 쓰는 데 그치지 않고, 썼던 내용을 다시 한 번 보고 선생님들과 이야기하면서 다른 표현으로 써보게 하니 정말 큰 도움이 되었다.

Paragraph Writing G2~4

· 학부모의 도움 Support: 매주 어머님에게 위클리 피드백weekly feedback을 드릴 때마다 "집에서도 무언가를 쓰거나 영어 스피킹을 공부할 때 무조건 잘한다고 폭풍 칭찬을 아끼지 말라고 당부해 드렸다. 그러자 이 아이는 자신감을 갖게 되었고 라이팅과 스피킹 실력이 향상되

었다.

How do you say sorry to your friends or family? In my case, I have different ways of saying sorry. For example, I directly say sorry to my family. Sometimes, I give a present to my friend and usually write a letter to my teacher. Here are more various ways to apologize to them.

First of all, I write what I want to say to my family if I'm sorry to them. I say sorry to my dad and sister directly. On the other hand, I make my mom firstly happy, then I confess. In that case, she is not upset to me anymore. One day, I accidentally broke my mom's favorite dish, I immediately went to my dad and sister, **apologize** for my mistake, and offer to **fix or replace** the item. Afterwards, we all ran to mom and said sorry to her. Especially, she is usually glad by doing something **thoughtful or helpful**, like preparing her favorite meal or helping with household chores

Secondly, I gave a present and an apology to my friend. This is because it is easier to simply say sorry to them. If they feel better about my gifts or gesture, then it would be easier to express my apology. We had a small argument, and

---

afterwards, she didn't say anything. So, I bought a keychain that features her favorite cartoon characters. As a result, we had much **smoother** conversations and became even better "best" friends ever.

Lastly, I would give a letter to the teacher if I found myself in a situation where I needed to apologize. Teachers are always busy, and they can't **solely focus on** me. That's why I am **unable to** speak to them directly. Additionally, writing a letter is a better way to convey my feelings and explain the situation. I had a small argument with one of my friends in the classroom, and my teacher expressed **disappointment** in me because of the fight. Therefore, I wrote a short memo to her, expressing how sorry I was.

In conclusion, I just described my three ways to apologize to people. You can apologize honestly to your family, apologize to your friends with small gifts and gestures, and your teacher with a letter. I hope many people feel much better and more delightful because of my solutions.

(1) 아이디어 Ideas: 이 에세이는 가족, 친구 그리고 선생님에게 사과하는 다양한 방법을 재미있는 스토리텔링 기법을 사용하여 효과적으로 제시한다. 사과하는 방법은 각 문단에서 구체적인 예시로 뒷받침되어 있으

며, 갈등을 해결하는 신중한 접근 방식을 보여준다. 이 아이의 경우 처음에는 아이디어를 내는 것 자체를 힘들어했는데, 이처럼 아이디어를 잘 발휘하고 라이팅 실력도 향상되었다.

(2)**구성**Organization: 가족, 친구 그리고 선생님에게 사과하는 방법들을 각각 나누어서 각 문단에서 시의적절하게 표현해 주었다. 예를 들어, 첫 번째 문단에서는 가족, 특히 까다로운 엄마에게는 그냥 사과를 하면 안 되고, 꼭 반드시 엄마가 좋아하는 행동을 미리 해야 한다는 노하우를 이야기하고 있는데, 읽는 이로 하여금 이 아이의 글에 푹 빠져들 수밖에 없도록 한다.

(3)**단어 선택**Word Choice: 이 아이가 원래 쓰기를 주저했던 표현을 굵은 글씨bold로 표시해 보았다. 아시다시피 이 글은 엄청나게 어려운 글은 아니다. 그러나 머릿속에 있는 것들을 적극적으로 활용하려는 의지가 보이는 글이다.

(4)**문장 유창성**Sentence Fluency: 읽으신 분들은 느끼셨겠지만 글이 매우 매끄럽다. 소설책을 읽는 것처럼 술술 글이 읽히기 때문이다. 문장과 문장 사이의 공백이 많이 느껴지지 않는 글이다. 매번 다른 문법적 구성을 하려고 노력한 점이 돋보인다. 그러나 에피소드의 디테일이 조금 더 살아 있었다면 어땠을까 하는 아쉬움이 남는다.

(5)**문법적 오류**Grammatic Mistakes: 문법적 오류는 크게 눈에 띄지 않는다. 다만 문장이 너무 길어서 선생님들이 그것을 짧게 끊어서 쓰도록 하는 첨삭지도를 해주었다. 영어 글쓰기의 기본은 앞서 말씀드렸던 것처럼 문장을 짧게 끊어서 정확하게 쓰는 것이다.

[Before] Where is your favorite place in your town?

My favorite place is the park nearby my place. There are several reasons why I like the park, as follows:

First of all, I feel relaxed and happy when I see kids playing in the park. There are older kids riding two-wheel bicycles. While the kids are playing, their parents sit on the benches.

Secondly, the park has a great playground where kids can have fun. It's wonderful to see so many people, including different little kids like me, enjoying their time together in the park.

In conclusion, having a park in the neighborhood is great.

(1)아이디어 Ideas: 내가 본 글들 중에서 가장 짧은 글이 아닐까 싶다. 그렇다고 해서 못 쓴 글은 아니다. 그냥 사실만 나열했을 뿐이다. MBTI에서 T가 엄청 발달한 남자아이다. 간결하고 군더더기가 없다.

(2)구성 Organization: 정확하고 간결하게 4문단으로 써주었다. 문단마다 중심 생각 main idea이 다르다. 그런데 다른 아이디어에 대한 설명을 쓸 줄 모른다. 아직 자세하게 설명하지 못하는 것이 문제다.

(3)단어 선택 Word Choice: 쉬운 단어로 나열되어 있다. 아직은 어려운 단어를 꺼내어 자신의 생각이나 감정을 표현할 줄 모른다. 기본적으로

라이팅의 재미를 붙이지 못한 글이다.

(4)문장 유창성 Sentence Fluency : 문장의 구성 능력은 좋다. 'While'이라는 표현은 초등학생이 쓰기 쉬운 단어는 아닌데 초등학생의 경우 'when'을 더 자주 씀, 이러한 시도는 좋다. 특이하고 재미있게 쓰려고 하는 아이다. '공원에서 엄마, 아빠가 앉아 있는 동안에 작은 친구들은 놀이터에서 논다'라는 묘사도 공원에서 그 장면이 강렬하게 머릿속에 남아서 세세하게 표현한 것 같다.

(5)문법적 오류 Grammatic Mistakes : 물론 이 글의 문법적 오류를 어느 정도 선생님들이 수정 revise해 주었다. 원래 비포 before 글에서는 단어 스펠링의 오류가 꽤 많았다. 아직 머릿속에 있는 단어를 라이팅한 적이 많지 않아서 혹은 꼼꼼히 단어를 외워야 할 필요성을 느끼지 못해서 그런 것 같다.

아이의 성향과 현재 상태

		충분한 input	아쉬운 input
내성적	완벽주의 성향		
	아쉬운 자신감		○
외향적	생각의 구조화 결여		
	빠른 글쓰기 속도		

초등학교 4학년/리딩 3점대

· 성향: 이 책에서 소개하는 아이들 중에는 라이팅에 대한 자신감이 부족하고 내성적인 성향을 가진 아이들이 많다. 아무래도 대치동 아이들이기 때문에 단어와 문법 그리고 읽기 공부를 계속해 온 친구들이라

서 그런 게 아닐까 싶다. 그중에서도 이과적 성향을 가진 아이들이 꽤 많다. 그런 아이들은 글을 쓸 때 군더더기를 길게 쓰는 것을 좋아하지 않는다. 이런 아이들은 픽션 책을 읽으면서 이야기를 하거나 혹은 브레인스토밍에 더 치중하는 것이 바람직하다. 세상에는 다양한 이야깃거리가 있고, 그 이야기를 아이 자신도 더 재미난 방법으로 풀어나갈 수 있다는 것을 깨닫게 하는 것이 중요하다.

· 인풋 Input: 이 아이에게는 많은 이야기를 하게 했다. 그냥 이야기를 하게 하지 않고 보다 즐거운 픽션, 즉 소설을 읽은 후에 선생님들과 이야기를 나누도록 했다. 주인공이 왜 그런 선택을 했는지, 그래서 결말이 어떻게 되었는지, 지은이는 어떤 의도로 이야기를 한 것인지에 대해 머릿속으로 정리하게 했다.

Frindle

· 학부모의 도움 Support: 눈치채셨겠지만 이런 아이의 학부모님들도 이과적 성향이 강하신 경우가 많다. 아이가 집에서도 소설이나 재미있는 이야기 책을 읽게 하라고 권해 드렸다. 이런 아이는 집에서 과학 책

science book 을 보거나 과학 영상을 보는 것을 훨씬 좋아한다. 그런 성향을 계속 이어가는 것도 큰 의미가 있겠지만 우선은 재미있는 스토리텔링을 어린 나이에 배우면 훗날 이 아이의 스피킹과 라이팅에 큰 도움이 되기 때문에 집에서 어머님과 함께 소설을 읽게 했다.

[After] What is your favorite subject?

Some people think learning English and other subjects is important, but I believe that learning science is also very important.

First of all, you can learn many useful things from science. People often find science boring, but it can actually be fun and exciting. For example, when you have a difficult question, you can **confidently** answer it with your knowledge of science.

Next, by studying science, you can **contribute to** human history with your discoveries. If you become a famous scientist worldwide, you can be **recognized** as a respected expert in the field of science. You can also share your knowledge with students and experience the satisfaction and joy of teaching.

Lastly, you can create your own science games and share them with the world, bringing happiness to others through

---

your work. Many people don't know that science can be enjoyable. By creating entertaining games, you can become well-known and celebrated globally.

In conclusion, I think learning science is really important. Science can be fun and exciting, and you can learn many interesting things from it. If you become a famous scientist, you can teach others and share your knowledge with them. I'm excited to explore and make a **positive impact** through my scientific discoveries.

(1)아이디어 Ideas: 이과 성향의 학생답게 "어떤 과목이 가장 좋으니?"라고 물으며, 과학 학습의 중요성을 효과적으로 제시하고 있다. 이 주장을 뒷받침하기 위해 상세하고 재미난 이유를 각각의 문단에 즐거운 스토리텔링을 덧붙여서 제공한다. 과학의 유용성과 즐거움, 인류 역사에 기여할 수 있는 잠재력, 과학 게임을 만들고자 하는 열망 등을 포함했다. 아이디어가 명확하고 잘 발전되었다. 이과 쪽 머리가 발달한 과학 소년이 이처럼 디테일한 스토리텔링을 한다는 것 자체가 매우 어려운 일이다. 그럼에도 불구하고 너무 잘 썼다.

(2)구성 Organization: 딱딱 떨어지는 5개의 문단으로 이루어져 있으며 명쾌한 설명과 다양한 관점을 제시하는 논리적인 방식으로 아주 매끄럽게 글을 표현하고 있다. 각 단락은 과학 학습의 중요성에 초점을 맞추고 있으며, 자신이 왜 과학을 좋아하게 되었는지, 수학이나 다른 과목에 비

해 왜 매력적인 과목인지에 대한 아이디어가 서로 잘 연결되어 있다.

(3)단어 선택 Word Choice: 비포before 글보다 어휘 선택이 다양해졌다. 특히 문법적으로 자유로운 글쓰기가 시작되었다고 볼 수 있겠다. 게다가 다양한 과학 관련 어휘와 용어를 사용했다. 고급어advanced words를 선택하고 쓸 수 있는 역량이 충분히 보이긴 하지만 전반적으로 이 정도로도 어휘 선택은 충분하다.

(4)문장 유창성 Sentence Fluency: 단순한 문법과 구조로 시작했던 비포before 글과 비교한다면 문장들은 구조적으로 잘 구성되어 있으며, 길이가 다양하며 일반적으로 서로 잘 이어지고 있다. 몇몇 문장 구조를 개선하여 명확성과 일관성을 개선한다면 더욱 좋겠지만 술술 편하게 잘 읽히는 에세이다.

(5)문법적 오류 Grammatic Mistakes: 큰 실수가 아니라 작은 실수가 눈에 띈다. 예를 들어, 관사의 누락이나 동사 형태의 오류 등이 있다. 하지만 이 점은 앞으로 얼마든지 개선할 수 있다.

〈사례6〉

[Before] What do you want to be when you grow up?

I want to be a president when I grow up. There are many reasons why I chose this dream.

First, as a president, I can make new rules that will make everyone happy. I want to create better laws so that people feel grateful and happy all the time.

Second, I will listen to what everyone has to say. I believe that everyone's opinions are important. By listening to people, I can make our country a better and more enjoyable place.

Lastly, to be a good president, I need to study hard. I will learn about laws, public speaking, and how to make important decisions. I want to be the best president ever.

In conclusion, I have a dream to be a president because I want to make positive changes, listen to others, and learn important things.

(1)아이디어 Ideas: 이 글에는 아이의 명확하고 집중된 아이디어가 있다. 요즘 아이들은 선생님이나 의사가 되는 것이 꿈이라고 쓰는 경우가 대부분인데, 이 아이는 뜻밖에도 대통령이 되기를 원하며, 사람들을 행복하게 만들기 위해 새로운 법률을 제정하고, 다른 사람들의 의견을 경청하며, 좋은 대통령이 되기 위해 열심히 공부할 거라고 이야기했다. 짧은 글이지만 매우 명확하게 자신의 생각을 써내려간 글이다.

(2)구성 Organization: 글쓴이의 주장이 잘 구성되어 있다. 대통령이 되는 꿈을 소개한 후, 그런 꿈을 갖게 된 세 가지 이유를 제시했다. 하지만 글이 매우 짧다. 단락마다 중심 생각을 뒷받침하는 아이디어가 충분하지 않다.

(3)단어 선택 Word Choice: 이 아이는 긍정적인 언어를 사용하여 모든

사람이 행복해지고, 더 나은 나라를 만들기 위해 더 나은 법률을 제정하고자 한다는 생각을 표현했다. 사실 어린아이가 법률을 제정해야 한다고 말하는 것 자체가 굉장히 어려운데, 아무래도 가정에서 이러한 대화를 많이 나눈 것 같다. 다른 사람들의 이야기를 경청하고 그들의 의견을 소중히 여기는 것을 강조하는 포용적인 마인드까지 가지고 있다. 글은 짧지만 깊은 사고력으로 써내려간 글이다. 하지만 단어 선택과 표현력이 제한적이다.

(4)문장 유창성Sentence Fluency: 문장들이 자연스럽게 흘러가며, 발언은 전체적으로 일관성을 가지고는 있지만 설명의 부족해서 글이 끊기는 듯한 느낌을 준다.

(5)문법적 오류Grammatic Mistakes: 몇 가지 문법적 오류가 있다. 그래서 다음 문장들을 수정해 주었다. 'I want to create better laws so that people feel grateful and happy all the time사람들이 항상 감사하고 행복하게 느낄 수 있도록', 'By listening to people, I can make our country a better and more enjoyable place사람들을 경청함으로써, 우리 나라를 모두에게 더 나은 곳으로 만들 수 있습니다.', 'I want to be the best president ever나는 최고의 대통령이 되고자 합니다.'

아이의 성향과 현재 상태

		충분한 input	아쉬운 input
내성적	완벽주의 성향		
	아쉬운 자신감		
외향적	생각의 구조화 결여		
	빠른 글쓰기 속도	○	

· 성향: 짧은 글에서 느끼셨겠지만 이 아이는 자신감이 넘치는 아이다. '더 나은 나라를 만들기 위해 더 나은 법률을 제정하고자 한다'라는 생각을 한다는 것 자체가 매우 자신감이 넘치고, 우리 사회에서 어떤 것이 필요한지를 가정에서 부모님과 대화하며 생각의 틀을 키워나간 것이 보이는 당찬 여자아이다. 자신감이 강한 만큼 글을 빨리 써내려가는 성향이라 브레인스토밍의 단계를 천천히 단계별로 함께 공부하는 것이 필요한 아이다.

· 인풋 Input: 이 아이는 단어와 문법 실력이 부족한 아이는 아니다. 하지만 천천히 차분하게 글을 쓰는 방법을 연습하고, 라이팅을 스피킹처럼 재미있게 하는 것이 필요했다. 그래서 다른 친구들의 말을 차분하게 경청하고 시간이 걸리더라도 브레인스토팅을 차근차근 하도록 훈련했다. 이 아이의 부모님에게 집에서 공부할 수 있는 교재를 추천해 드렸고, 집에서도 훌륭하게 추천 교재로 공부해서 실력이 향상되었다.

Writing Framework–for Paragraph Writing 2

・**학부모의 도움** Support: 이 아이의 부모님에게 학원 커리큘럼과 상관 없이 따로 책을 구입해 집에서 차분하게 생각의 흐름을 정리하는 연습을 부탁드렸다. 사실 학원에서는 다른 친구들과 함께 브레인스토밍을 하고 선생님들과 그 부분을 같이 공부하는 것이 다였기 때문에 생각이 훨훨 날아다니는 이 아이에게 집에서 어머님과 충분히 대화하면서 차분히 생각을 정리하는 공부가 별도로 필요했다. 이에 대해 어머님이 충분하게 이해하시고 따로 집에서 공부를 도와주셨다.

[After] What would like to learn if you had a chance?

Some people say learning new things will help you improve for many reasons. Among the many things to choose from, I would like to choose figure skating for the following reasons.

First and foremost, I want to learn how to perform high-level skills in figure skating. By learning them, I could potentially become famous worldwide. For example, when Yuna Kim **executed** a triple axel, it was her great opportunity to make a name for herself in the world. I strongly believe that mastering this skill would solidify her position as the number one figure skater in the world.

Secondly, figure skating would **allow** me to exercise more and become healthier. Most people **are aware of** that regular exercise is helpful for physical growth and a healthy mind. Figure skating would be an excellent way for me to stay active and improve my overall health. That's why whenever I see Yuna Kim, I could sense her strength and willingness even on TV.

Lastly, learning figure skating could open doors for me to participate in skating competitions around the world. Once I become a well-known skater, I would have the chance to travel to different places. I would get the opportunity to experience various cultures, meet other skaters from different countries, and create **lifelong** memories through these competitions.

In conclusion, I would love to learn figure skating as I grow up. As mentioned before, I believe that learning new things is always fun and useful. Learning figure skating not only offers the worldwide **recognition** but also **promotes** physical and mental health. Furthermore, there is a possibility of achieving worldwide recognition.

(1)아이디어 Ideas: 대통령이 되고 싶다던 이 여자아이는 피겨스케이팅을 배워 세계적인 선수가 되고 싶다는 생각을 너무나 명확하게 전달하고 있으며, 피겨스케이팅을 선택한 이유를 잘 발전시켰다. 읽어보시면 아시

겠지만 의지와 열정이 넘치는 아이다. 그래서 글을 쓸 때 자신의 주장에 대한 이유를 차분하게 쓰는 것이 다른 친구에 비해 어려울 텐데, 잘 쓴 글이다.

(2)구성Organization: 문장의 구성은 명확하며, 서론과 세 가지 주요한 이유를 담은 본론, 결론으로 이어지는 구조 또한 명확하고 풍부한 스토리텔링으로 이루어져 있다. 대통령이 되고 싶다던 비포befor 글보다 문단 구성이 많이 발전되었고, 각 단락은 특정 이유에 초점을 맞추었으며, 주요 포인트를 요약하는 결론으로 마무리했다.

(3)단어 선택Word Choice: 아이디어를 표현하기 위해 적절하고 다양한 단어를 사용했다. 수준 높은 기술을 배워야 세계 무대에서 통할 수 있다는 점, 운동이 건강에 이롭다는 점, 세계적인 선수가 되면 다양한 문화 경험을 할 수 있다고 표현했는데, 이제까지 사용해 보지 않은 새로운 단어들도 많이 사용했다.

(4)문장 유창성Sentence Fluency: 문장이 자연스럽게 흘러가며, 문장의 구조가 일관성을 가지고 있다. 문장 길이를 다양하게 사용하여 글을 읽기 쉽게 만들었다. 물론 처음 쓴 대통령에 대한 글도 좋았는데, 이 글은 특히 문장과 문장 사이의 연결과 흐름이 좋다.

(5)문법적 오류Grammatic Mistakes: 문법적 오류는 거의 없었지만 다른 아이들과는 다르게 어려운 단어를 많이 구사하려고 노력했다. 그래서 사용하는 단어 수준을 조금 낮추어서 좀 더 명확한 표현을 쓰도록 했다. 그랬더니 보다 명확하고 좋은 글이 되었다.

〈사례7〉

These days, many people have pets, and they think it's good to have them. Pets have some good things about them. Here are a few good things about having a pet.

First, pets make us feel like we're in nature. For example, I have a turtle as a pet. It has been with us for two years, and we have made lots of memories together. When I watch my turtle, I feel like I'm close to nature.

Second, pets make us happy. They can be like our friends or even part of our family. My pet is really cute, and it makes me really happy to have it around.

Third, having a pet teaches us to be responsible. Every day, I take care of my pet by giving it food, cleaning its home, and making sure it stays clean.

To sum it up, having a pet makes us feel connected to nature, brings us happiness, and teaches us to be responsible. Pets have many good things about them, so we should take care of them and love them a lot.

(1)아이디어 Ideas: 애완동물을 가지는 것의 이점을 구체적으로 설명하고, 애완동물과 관련된 경험과 감정을 전달하려고 노력한 흔적이 보이는 글이

다. 대부분의 비포before 글과 마찬가지로 단락마다 중심 생각을 뒷받침하는 생각supporting idea이 부재하다. 간단명료하게 뜻을 전달한 글이다.

(2)구성Organization: 서론, 세 가지 이점에 대한 각각의 단락으로 이루어진 본론, 결론으로 명료하고 간단하게 잘 구성된 글이다.

(3)단어 선택Word Choice: 처음 쓴 글임에도 불구하고 다양한 단어를 사용하여 감정과 경험을 잘 표현했다. 그러나 'happy'와 'good thing'과 같은 너무 쉬운 단어를 쓴 것이 아쉽다.

(4)문장 유창성Sentence Fluency: 문장이 자연스럽고 읽기 쉽게 흐른다. 글의 흐름이 일관되고 짧은 글이긴 하지만 문장 구조는 다양한 글이다. 문장과 문장 사이의 설명의 부재가 아쉬운 글이다.

(5)문법적 오류Grammatic Mistakes: 몇 가지 문법적 오류와 문장 구조를 개선해야 한다. 예를 들어, '그것'이 애완동물을 가리키는데 애완동물의 성별을 명시하지 않으면 혼동을 일으킬 수 있다. 일부 문장은 더 간결하고 명확하게 표현해야 한다.

아이의 성향과 현재 상태

		충분한 input	아쉬운 input
내성적	완벽주의 성향		
	아쉬운 자신감		
외향적	생각의 구조화 결여	○	
	빠른 글쓰기 속도		

8세/리딩 3점대

· 성향: 외향적이고 활달하며 똑똑한 8세 아이다. 영어 공부도 많이 했

고 친구들 앞에서 스피킹하는 것도 즐거워하는 활동적인 남자아이다. 이 아이의 경우 아무래도 생각의 구조화가 부족한 것이 문제다. 물론 비포 before 글은 선생님들이 수정해 준 글이기도 하지만 거북이가 자연과 연결되는 느낌을 준다고 글을 쓰면서도 거북이를 좋아하지 않는다고 하기도 하니, 어디로 튈지 모르는 아이라고 보시면 된다. 이런 아이에게는 문법적인 요소를 좀 더 개선하도록 지도하는 것이 바람직하다. 또 글을 차분히 쓰도록 하는 것도 필요하다.

· 인풋 Input: 문법적인 요소를 하나하나 설명하면서 글을 쓰고 다시 문단을 만드는 연습을 했다. 문법 책은 시중에 나와 있는 것을 연습하면서, 선생님들과 문장을 다른 방면으로 쓰는 연습도 계속 반복했다.

My Next Grammar 3

· 학부모의 도움 Support: 이 아이의 부모님에게 가정에서 차분히 문법 공부를 할 수 있도록 해달라고 부탁드렸다. 많은 도움을 주셨던 것으로 기억한다. 이 아이는 여러 가지 표현을 공부하는 연습이 필요했던 아이였다.

Most people feel proud of themselves for various reasons. I believe I become proud of myself mainly for three reasons: **achieving** a perfect test score, **completing** my homework, and **assisting** my family. Here are detailed reasons why I choose those moments as below.

Firstly, when I achieve a perfect score on my test, I feel huge **sense of pride.** This is because I put in my best effort to **obtain** an excellent result. For instance, just the other day, I received a perfect score on my math test, and I felt extremely proud of my **accomplishment.**

Secondly, finishing my homework let me feel proud of myself. The reason behind this is that I can relax and engage in other activities until the next class. For example, one day, I completed all my homework, **allowing** me to enjoy my leisure time for the following week.

Lastly, helping my family brings about a deep sense of pride within me. I feel proud of myself because I am able to make my family happy and joyful. When I help my mother clean the house, for example, her happiness and gratitude make me proud.

In conclusion, there are three significant moments when

I feel proud of myself: achieving a great score on my test, completing my homework entirely, and assisting my family. I hope to achieve a good score on my next test as well.

(1)아이디어 Ideas: 자신이 자랑스러웠던 순간으로 완벽한 시험 점수를 받았을 때, 숙제를 마쳤을 때, 가족을 도울 때, 이렇게 세 가지를 뽑았다. 날마다 성실하게 공부하는 대치동 아이들이 대체적으로 써내려가는 표현이기도 하다. 친구들과 하는 놀이에서 이기거나 동생과 끝말잇기에서 이겼다는 것이 아니라 공부를 잘했을 때의 성취감을 뽑는 것이다.

(2)구성 Organization: 서론, 세 가지의 주요 내용을 담은 결론, 결론으로 이루어진 논리적인 구성이다. 각 문단에서 명확하게 왜 자신이 자랑스러웠는지에 대해 충분히 근거를 밝히고 있다.

(3)단어 선택 Word Choice: 간단하고 이해하기 쉬운 단어들을 사용했다. 그러나 몇 가지 문장은 더 명확히 써야 할 필요가 있다. 그래서 다음 문장들을 고치도록 했다. 'The reason behind this is that I can relax and engage in other activities until the next class그 이유는 다음 수업까지 쉬고 다른 활동에 참여할 수 있기 때문입니다.', 'Lastly, helping my family brings about a deep sense of pride within me마지막으로, 가족을 돕는 것은 내 안에 깊은 자부심을 심어줍니다.'

(4)문장 유창성 Sentence Fluency: 문장들은 대부분 잘 구성되어 자연스럽게 흘러간다. 애완동물을 기르는 장점에 대해 썼던 비포before 글과 달리 물 흐르듯이 문장과 문장 사이의 연결이 좋다.

(5)**문법적 오류**Grammatic Mistakes: 몇 가지 문법적 오류와 문장 구조를 개선할 필요가 있다. 예를 들어, 'the' 대신 'my'를 사용하여 개인적인 경험을 이야기하거나, 과거 시제를 일관되게 사용하는 것이다. 일부 문장은 더 간결하고 명확하게 표현하는 것이 바람직하다.

16장
아이들의 영어 글쓰기를
평가하는 요소들

끝으로, 학년과 수준에 따라 좀 달라질 수 있겠지만 아이들이 쓴 글을 평가할 때는 다음과 같은 요소들을 고려해 볼 만하다.

영어 글쓰기를 평가하는 6가지 요소

	1점	3점	5점
Ideas (기발한 생각)	•Few/No Details (상세설명 부재) •Doesn't know much about topic (주제에 대한 이해 부재)	•Some details (일부 세부 정보 존재) •Knows little about topic details (주제에 대한 정보나 지식이 거의 없음.)	•Lots of interesting (흥미로운 점들이 많음.) •Experts on topic (주제에 대해 거의 전문가 수준임.)
Organization (구성)	•Order does not make (글의 순서가 없음.) •Middle Only (중간 내용만 존재)	•Some ideas out of order (일부 아이디어가 순서에 맞지 않음.) •BM-noend (글의 엔딩이 존재하지 않음.)	•Order makes sense – easy to follow (의미 있는 순서)
Voice (글의 톤)	•Reader is bored (독자가 지루해함.)	•Some boring parts-some interesting parts (지루한 부분- 흥미로운 부분 존재함.)	•Reader enjoyed the entire piece of writing (독자가 즐길 수 있을 만한 글)
Word Choice (단어 선택)	•All R.I.P. Words (너무 쉬운 단어 선택)	•Some R.I.P. Words (때때로 쉬운 단어 선택) •Some WOW Words (어쩌다 멋진 단어 선택)	•Tons of WOW words (멋진 단어 많이 선택)
Sentence Fluency (자연스러운 흐름)	•Little or no sentence variety in length (길이가 다양한 문장이 거의 또는 전혀 없음.)	•Variety in length but needed more length (길이는 다양하지만 더 긴 문장이 필요함.)	•Different types and lengths of sentences (문장의 종류와 길이가 다양하고 김.)
Convention (문장 구현 실수)	•Tons of mistakes (실수가 잦음.)	•Some mistakes (약간의 실수가 존재함.)	•Few or no mistakes (실수가 거의 없음.)

부록

다이안영어
라이팅
추천도서

1. Write Right(Paragraph to Essay 1~3)

학원이나 엄마표 라이팅에서 가장 많이 쓰이는 책입니다. 구성이 쉬워서 엄마와 아이가 집에서 공부하기에 좋은 책입니다만 단순한 구성이 지루하게 느껴진다면 쭉 순서대로 하는 것보다 띄엄띄엄 공부하는 것도 좋습니다. 이 책의 가장 큰 장점은 짧은 문법 구문을 반복적으로 사용하여 문장을 구성하는 것입니다. 이는 문법적 구성요소를 짧은 형태로 반복하여 문장을 만드는 방법을 말합니다. 전 단계인『Write Right Beginner』는 간단한 패턴으로 하나의 문장을 만들었다면 이 책의『Write Right』단계에서는 설명문, 묘사글 등의 긴 글을 쓸 수 있도록 했습니다. 어느 정도 문장 쓰기 연습을 하다가 다음 단계로 문단을 쓰려고 하는 아이들에게 적합합니다.

전체 문단을 구성하고 아이디어를 정리한 후 문단 쓰기의 초안을 완성합니다. 영어유치원 출신 아이들이 초안 잡을 때 1~2년차: 『Write Right 1~3』 & 3년차 이상: 『Paragraph to Essay』 버전으로 공부나, 일반유치원 출신 아이들이 초등학교 저학년에서 고학년이 될 때 시리즈 순서대로 스스로 혹은 엄마나 선생님과 공부하면 매우 좋은 책입니다.

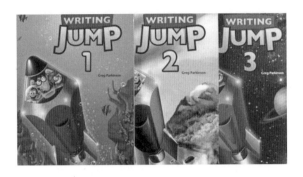

2. Writing Jump 1~3

영어유치원에서 많이 다루는 교재입니다. 영어유치원 1년차 아이나 일반유치원 아이들이 처음 라이팅을 접할 때 문장, 단어 그리고 여러 개의 문장을 연결하는 법 등을 이 책으로 공부합니다. 『Write Right』과 마찬가지로 모범지문을 읽고 이해해서 라이팅에 활용하도록 간단한 input을 넣은 뒤 핵심내용에 대한 점검과 주제에 대한 내용을 마인드맵 기법으로 다시 한 번 머릿속에서 정리하여 내용을 output하는 연습을 진행합니다. 서술형 문제는 중등 내신 선행학습 차원에서 초등학생이 공부하기에도 적합합니다.

일상생활에서 아이들이 쉽게 접할 수 있는 주제를 다루었으며, 아이디어를 친구들과 함께 브레인스토밍할 수 있도록 구성되었고, 영어 글쓰기 예시문 자체가 짧게 구성되어 있어서 기초적 문법과 문장 형식을 연습하는 글쓰기를 공부할 수 있습니다.

3. My First Writing 1~3

처음 영어 글쓰기를 접하는 아이들이 공부하기에 좋은 교재입니다. 아이들에게 친숙한 주제를 다루고 있습니다. 익숙한 주제들로 구성되어 있어서 리딩이나 어휘 수업에서 배웠던 친숙한 단어들이 등장하고, 그로 인해 리딩과 스피킹 수업과 어우러져 공부할 수 있는 것이 가장 큰 장점인 책입니다.

예쁜 그림이 있어서 아이들이 재미있고 즐겁게 라이팅에 접근할 수 있습니다. 이 책 또한 영어유치원 출신 아이들이 글의 초안을 잡을 때1~2년차: 『My First Writing 1~3』 & 3년차 이상:『 My Next Writing』 버전으로 공부나, 일반유치원 출신 아이들이 초등학교 저학년에서 고학년이 될 시리즈 순서대로 스스로혹은 엄마나 선생님과 공부하면 매우 좋은 책입니다.

4. Writing Framework(Sentence Writing/ Paragraph Writing/Essay Writing 1~3)

Sentence Writing: 책마다 주제가 명시되어 있으며, 해당 주제와 관련된 어휘와 문법을 함께 배울 수 있습니다. 이로써 주제에 대한 이해도를 높일 수 있습니다. 영어유치원 출신 초등 1학년, 일반유치원 출신 초등 1~2학년에게 추천합니다.

Paragraph Writing: 앞 단계와 같은 주제로 구성되었지만 단계가 더 높아져서 지문의 길이가 더 길어지고, 문법에 더 많은 초점을 두며 라이팅을 할 때 지켜야 할 문법을 학습할 수 있도록 구성되었습니다. 영어유치원 출신 초등 2학년, 일반유치원 출신 초등 3~4학년에게 추천합니다.

Essay Writing: 에세이는 이전 단계들과 마찬가지로 동일한 주제로 구성되어 있으며, 글을 더 매끄럽게 쓸 수 있도록 문법에 초점을 맞추어 연습할 수 있습니다. 또한 에세이의 정의와 목적, 쓰는 방법에 대한 설명이 함께 수록되어 있으며, 마지막으로 자신의 글을 써볼 수 있는 기회도 제공합니다. 영어유치원 출신 초등 3학년, 일반유치원 출신 초등 5~6학년에게 추천합니다.

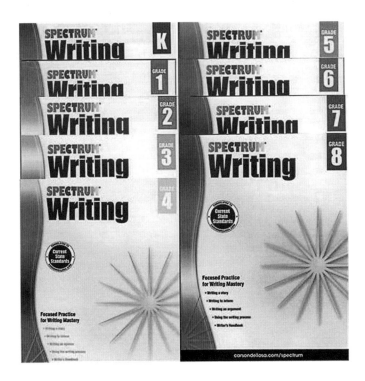

5. Spectrum Writing

이 책은 미국 초등학생들을 위한 글쓰기 교재입니다. 학생들이 여러 가지 다양한 아이디어를 어떤 표현방식과 문법으로 공부하는 것이 좋은 지 잘 설명되어 있습니다. '미국 아이들이 이렇게 프리한 스타일로 라이 팅을 공부하는구나'라고 단번에 알 수 있는 책이에요.

예쁘고 알록달록한 그림으로 아이들의 집중력을 향상시키도록 한 책 입니다. 다양한 주제와 문학 장르를 다루며, 아이들에게 흥미롭고 유익 한 주제에 대해 글을 써보도록 다양한 문제들이 나와 있습니다.

특히, 다양한 연습 문제와 활동이 포함되어 있어서 아이들이 자신의 생각과 아이디어를 표현하고 글을 구성하는 능력을 향상시킬 수 있습니다. 예를 들어, 아이들이 잠을 쿨쿨 자고 있는 고양이 그림을 보면서 어떤 것이 생각나느냐는 연습 문제가 나옵니다. 한국식 교육에서는 생각하지 못한 창의력을 발전시킬 수 있는 문제들이 많이 포함되어 있습니다. 또한 맞춤법, 문법, 어휘 등을 학습하면서 올바르고 다양한 문장 구조를 사용할 수 있는 능력을 키울 수 있습니다. 결국에는 글쓰기 기술과 창의력을 발전시키는 데에 초점을 맞추고 있으며, 사고력을 기르고 자신감을 높이는 데 중점을 둔 책입니다.

6. Evan Moor Writing

제가 개인적으로 매우 좋아하는 책입니다. 미국과 캐나다에서 학교 수업과 연계한 홈스쿨링 교재로 많이 사용되고 있는 책이죠. 창의력과 사고력을 기르는 동시에 글을 구성하는 능력을 기르도록 한 책입니다. 그래서 국내에서도 엄마표 영어 및 유명 영어학원 교재로도 쓰이고 있는 책이에요.

브레인스토밍을 통한 문장 쓰기, 다양한 단락 쓰기 등 라이팅 실력을 기르는 데 필요한 요소들이 잘 융합된 책입니다. 틀에 갇힌 글쓰기가 아니라 자신만의 글쓰기 스타일을 찾아 나갈 수 있도록 한 책입니다. 그림에 보이는 순서대로 학년에 맞게 학습하다 보면 어느새 글쓰기가 즐겁고 브레인스토밍을 잘하는 아이가 될 거예요. 대신 글에 대한 첨삭은 꼼꼼히 해주셔야 합니다.

7. Great Writing

책이 두꺼워서 라이팅 교재가 아닌 것 같다는 생각이 드실지도 몰라요. 이 책은 사실 라이팅에 필요한 문법을 좀 더 자세히 소개한 책입니다.

글쓰기에 필요한 요소, 문법, 어휘, 문장 및 표현력 확장, 라이팅으로 구성되어 있고, 시중에 나와 있는 책들보다 좀 더 자세하게 문법을 다루고 있습니다. 그리고 『Great Writing 3』부터는 문단 쓰기에서 에세이 쓰기까지 이어지는 라이팅을 학습할 수 있습니다. 문장이 단순한 구조로 반복되거나 매번 같은 문장만 쓰는 문장 구사 능력이 부족한 아이들에게 매우 유용한 책이에요. 생각의 흐름대로 글을 쓰는 아이들에게는 글의 구성을 잘하는 방법과 생각을 쓰는 목적도 배우게 합니다. 자신이 쓰는 글에 나타난 문제를 해결하게 하고, 원인과 결과, 비교와 분석 혹은 설득 등을 배울 수 있습니다. 어려운 여정이겠지만 매우 도움이 되는 책입니다.

참고문헌

1. [Seize It] Cheri Lee, Larrabee Learning

2. [Rockin Resources], Pam Olivieri,
www.rockinresources.com

3. https://teachinginthesunshine.blogspot.com/

4. http://mrsgilkison.weebly.com/kid-friendly-rubric.html

알리는 말

자녀의 라이팅 실력을 상담받거나

온라인 맞춤형 라이팅 수업에 관심이 있으신 분은

아래 QR 코드를 이용해 주세요!

일상과 이상을 이어주는 책

일상이상

영어 1등급을 위한
초등영어 글쓰기의 모든 것

대치동
초등영어
글쓰기

초판 1쇄 찍은날 · 2023년 7월 10일

초판 1쇄 펴낸날 · 2023년 7월 18일

펴낸이 · 김종필 | 펴낸곳 · 일상과 이상 | 출판등록 · 제300-2009-112호

주소 · 경기도 고양시 일산서구 후곡로 10 910-602

전화 · 070-7787-7931 | 팩스 · 031-911-7931

이메일 · fkafka98@gmail.com

ISBN 978-89-98453-97-8 03370